高校英语教学的基础理论与应用研究

周　嫚　段潇乐　马　燕◎著

全国百佳图书出版单位
吉林出版集团股份有限公司

图书在版编目（CIP）数据

高校英语教学的基础理论与应用研究/周嫚，段潇乐，马燕著. --长春：吉林出版集团股份有限公司，2022.10（2023. 9重印）
ISBN 978-7-5731-2654-2

Ⅰ.①高… Ⅱ.①周…②段…③马… Ⅲ.①英语－教学研究－高等学校Ⅳ.①H319.3

中国版本图书馆CIP数据核字(2022)第195294号

GAOXIAO YINGYU JIAOXUE DE JICHU LILUN YU YINGYONG YANJIU
高校英语教学的基础理论与应用研究

著　　者：周　嫚　段潇乐　马　燕
责任编辑：欧阳鹏
封面设计：冯冯翼
开　　本：787mm×1092mm　1/16
字　　数：255千字
印　　张：12
版　　次：2022年10月第1版
印　　次：2023年9月第2次印刷

出　　版：吉林出版集团股份有限公司
发　　行：吉林出版集团外语教育有限公司
地　　址：长春市福祉大路5788号龙腾国际大厦B座7层
电　　话：总编办：0431-81629929
印　　刷：涿州汇美亿浓印刷有限公司

ISBN 978-7-5731-2654-2　　定　　价：72.00元

举报电话：0431-81629929

前　言

大学生是中国教育的主体，是中国特色社会主义的接班人，同时也是中国对外交流的主力军。对大学生的英语基础理论与实践能力进行培养，是高校英语教学不可推卸的责任。高校英语教学是丰富大学生英语语言基础、增强大学生英语综合应用能力的主要渠道，同时也是向社会输送实用型英语人才的重要通道。可以说，高校英语教学对于大学生发展和社会发展都起着举足轻重的作用。自改革开放以来，中国的高校英语教学快速发展，取得了可喜的成绩。近年来，高校英语教学也在不断地改革和发展，以适应社会需求。尽管如此，中国的高校英语教学仍跟不上经济发展的步伐，并且在具体的教学中存在着一些问题，例如理论与实践脱节、理论缺乏创新、教材陈旧等。在此背景下，如何提高大学生的理论知识，培养大学生的英语综合应用能力，已成为高校英语教学研究的重点和难点。基于此，《高校英语教学的基础理论与应用研究》一书出版了，该书力求为高校英语教学的相关研究提供一些思路和参考。

本书主要针对高校英语教学的基础理论与应用实践展开论述。相比于其他书籍，本书有着鲜明的特点。首先，本书研究内容广泛，从英语教学的理论、应用实践以及转型等不同层面进行了论述。其次，本书弥补了传统英语教学中理论与实践严重脱节的缺陷，将英语教学的理论与实践完美结合。众所周知，英语的理论知识是艰涩、枯燥的，不易理解和掌握，但英语理论是学好英语的前提和基础。所以本书将枯燥乏味的理论应用于具体的实践，除了激发学生学习英语的兴趣和热情之外，还可以为从事英语教学研究的人员提供思路，指明研究方向。具体包括以下内容：大学英语教学概述、大学英语教学的基础理论、二语习得理论与应用、自主学习理论与应用、大学英语教学创新研究。

本书在写作过程中，参阅了大量的相关书籍和文献，并借鉴了相关专家、学者的观点，在此一并表示深深的感谢。由于时间仓促和个人能力有限，书中难免出现错误或遗漏之处，恳请广大读者批评指正。

目 录

第一章　大学英语教学概述

第一节　大学英语的教学目标、方法及应注意问题

高校开设的英语课程，也就是为适应我国发展规划要求，为我国的创新和社会发展服务；同样，也适应了学生在专业知识掌握、国际文化交流、进一步学习、创造就业等方面的需求。所以，高校英语课程将对中国大学生未来的蓬勃发展产生重大现实意义和深远影响。学好英文还有助于学校培养学生的全球视野，培育其全球意识，增强其人文素质，同样也为学生知识创造、潜力激发和全面健康发展提供了一种基本工具，并为其适应国际化时期的挑战与机会做好了准备。

一、教学目标

大学英语专业的教育目标是通过训练学习者的英语运用能力，以提高其跨文化交流意识和人际交往能力，同时发挥学生的主动学习才能，以培养学生的综合文化素质，使他们在学校学习、日常生活、人际交往以及未来社会工作中能更高效地运用英文，适应国家、社区、校园以及个人发展的需求。

根据中国现阶段基础教育水平、高等学校以及经济社会发展的实际条件等情况，高校英语课堂总体目标包括了基础、提高、发展三个层次。这三种学习结构中，基础总体目标是根据一般非英语专业学习者的英语学习基本需要设定的，而提高总体目标则是根据一般入学时语言水平较高、学习要求较高的学习者而设定的，而发展总体目标则是根据高校对培养目标的特定要求和小部分学有余力学习者的多元需要设定的。将高校英语课堂与高中英语课程相衔接时，各高校均可根

据具体要求，独立设定起点水平、选定教育对象。分级目标的设置为项目设计的灵活多样和开放式创造了空间，从而能够实现符合高校规模、院系结构以及学校语言多样化发展需要的高校英语教学。

高校英语专业教师在学校教育中根据经济社会的发展需要，为适应经济社会各个领域对人才培养目标的要求，设计了英语教学目标，具体内容包括：帮助学生掌握英文，帮助学生学会英文，向他们传播语言知识，培养他们的英文技能、跨文化交际技能。

二、教学方法

教学方式指老师与学生在教育活动中，为达到教育目标与实现教育目标所采用的手段、方式，主要涉及老师教的方式、学生学的方式及其二者的相互配合与协调。教学方法注重教学方式与教学活动，同样也重视学习方法与学习者行为。课堂教学方法，是教师开展教与学的活动时所用的教学手段、媒介或设施，在网络时代，计算机与网络等已成为外语教学中不可或缺的现代教育技术手段。而英语课堂的主要目标是学习者对英语交流技能的锻炼和提高。因此，教学内容和课堂方式是否合理，会直接关系到课堂教学的质量。

学校英语教学要按照外语教学原则，针对课程的性质，充分考虑学习者个体差异的知识特点，采取正确、高效的教学方式。教学内容的选配使用应具有灵活性和适应性，目的在于提高课堂教学质量，增强学习效果。

大学英语课堂，可以通过任务型、参与型、活动型、讨论型的课堂教学，实现以教师为主体、以学习者为基础的教育思想，使课堂教学过程实现由“教”向“学”的转变，使教学过程实现由关注“教的目的”向关注“学的需要”转化，从而建立以老师指导与激励、学生积极主动参加为主要特点的课堂常态。

教学方法的运用应当注重于学生独立学习能力的训练，指导并帮助他们掌握学习策略，从而学会学习。老师们要充分利用网络课堂的教学平台，为学生创造与课堂教学内容和现代信息技术紧密结合的自由学习路径以及丰富多彩的自由学习资源，帮助学生由“被动学习”向“主动学习”过渡。

教学模式的改变还应注重吸取国外应用语言学方面的新成果，不断更新观念，采用适应新世纪大学生需要的方式开展课堂教学。

三、教学中应注意的问题

（一）注意打好语言基础，注重提升学生文化素质

高校的英语教学，应该将重心放到练好语言基本功上。准确的发音声调、坚实的基础语法、一定的词汇量，以及娴熟的词语综合应用技巧可以大大提高外语学习的效率，也有助于培养语言综合运用能力。而词语综合运用水平的提升，也就必然带动了英语基础知识的提高与积累。

学校英语教学还应有助于学习者开阔眼界，拓宽知识面，增进对社会的认识，借鉴和汲取外来文化经验，提升文化素质。传统文化教育与英语有着密不可分的关系，必要的传统文化背景学习可以提高语言的整体运用水平。①

（二）坚持分级教学和因材施教的原则

因为学生的入学水准各方面存在着差距，所以学校要贯彻分层要求，等级、分班型（模块）教育，因材施教。划分应实事求是，并针对学生的实际水平，根据各院校教学大纲制定课程目标与要求。

（三）正确处理听、说、读、写、译方面的问题关系

高校英语教学的基本要求是培养学习者群体的英文运用才能，尤其是英文的读、说才能。虽然随着国际交流规模的日益扩大，全面提高中国大学生的读、说才能已日益重要，但这也不能否认听、写、译才能的重要性。因为读书是了解英语基本知识、打好英语基础知识、获取语言信息的最主要途径。所以，学生们要意识到英语运用才能是不同语种语言专业技能的综合体现，而这种语言专业技能又是相互促进的。老师在具体的课堂教学过程中，听、说、读、写、译的练习要同时开展。在训练听、说、读、写、译的各种技巧时，老师既要注重在使用口语时的流畅程度和得体性，也要注重在了解和运用语言常识时的正确性。

（四）结合实际，确定适宜的教学理论及方法

国外常见的各种外语教学方法和技术，无一不是特殊条件下的成果。我们一

① 张献. 大学英语教学理论及实践应用［M］. 武汉：中国地质大学出版社，2020.

方面必须吸取外国的先进经验和做法，但同时也必须结合中国长期以来所积淀的执行有效的教育经验和做法，妥善处理好相互借鉴和传承的关系，立足于我国的具体情况和教育实践，导入更适宜的教育思想，研究发展出富有我国特点的高校英语教学新途径。

课程理念和教学方法直接关系教学质量。教师应针对不同的教育领域、各个教育阶段的要求，运用灵活机动、贴合现实的教育理念和方式，以便让学习者获得最大的利益。

第二节　大学英语教学的基本原则与模式

一、大学英语教学的原则解析

大学英语教学会随着教学地点、对象等因素的变化而发生变化，但只要是大学英语教学就会拥有一些共性。通过对这些共性的分析便可以总结出大学英语教学普遍适用的原则。

（一）交际性原则分析

在人与人之间的交际中语言充当着重要的角色，语言也是人们表达自己思想的主要工具，这是人们学习语言的主要目的，掌握语言的语法和词汇只是掌握一门语言的次要目的。人们生活的环境是多变的，需要不断地去熟悉不同的环境，并在这种环境中，与他人进行舒适合理的交流，这就叫作交际。大学时期对于学生来说，是一个非常重要的时期，因为这是一个要系统地梳理自己所学到的英语理论知识并将其运用转化为实践能力的时期。而且在这个阶段中，教师也要发挥重要作用，要想学生的交际能力有所提高，就要让学生多去运用所学的知识、多去与他人交流，教师在教学活动中，要完全遵守交际的原则，这样才能充分地锻炼学生。具体包括：认识课程本质原则、设计情境原则、精讲多练原则。

（二）教学以学生为中心原则分析

教师的教必须建立在学生学的基础上，教师的教要以学生的学为依据。教师在教学中的所有活动都必须考虑学生的心理和需要，根据学生的反应来调节自己的教学活动。要做到以学生为中心，教师应在以下几个方面突出学生的中心地位。

1. 教材分析与备课

以学生为中心原则要求教师在对教材进行分析时，要充分理解和把握教学内容，并利用自己的教学经验对教材进行筛选，选出一些适合大学生实际情况的学习目标和学习任务。教师可以对教材内容进行优化处理，使其更加符合学生的学习经验和心理诉求。

备课是教师教学的重要环节，教师可以根据平时的考试成绩，观察学生在课堂上的表现以及活跃程度等，来了解学生们接受知识能力的强弱，不同的学习风格以及是否认真对待学习，这些也都是教师设计教学实践活动或备课的基本根据。

教师在备课中应尽量设计一些开放性较强的任务，这样可以促使所有学生都参与进来，使学生真正成为学习的主体。

2. 教学活动与教学方法和教学手段

作为教师，应该从学生兴趣、知识构造、特点等方面入手，策划多样化的、内容充实的活动。学生之间因为性格的差异，对于有关教学方面活动的参与积极性也有所差异，例如开朗、活泼、积极的学生，通常擅长展现自己，因此课堂参与度较高。而有些学生比较内向，不擅长自我表现，所以其参与教学活动的程度较低。正是由于这样的情形，要求教师设计部分能照顾到全体学生的差异性，面向全体学生进行教育活动。同时，教学活动设计要满足学生活动参与的主动性和参与程度。

以学生为中心原则规定教师能够实行多样化的教学方法和手段。根据不同的教学手段的效用差异，教师要适当运用不同的教学手段，从而达到效果最优的目的。例如教具具有直观的特点，通过对学生感官的刺激，来提高学生对知识的记忆能力。而幻灯片、投影、各类模具等教学手段，则具有直观形象的特点，通过对知识进行直接的展示，有利于为学生的语言、学习营造一种愉悦、放松的环境。此外，教师还应及时针对学生在学习过程中的表现，给出合理的评判，从而使学生能意识到自身的不足，并对其加以改正。

（三）兴趣性原则分析

在学习方面，有句俗话说，兴趣是最好的老师。中国学者曾提出这样的观点：学习兴趣在学生探索真理、追求真理、探索世界的过程中起到了推动作用。众所周知，学习兴趣是学习动机构成的一个相当重要的因素，学习兴趣可以提高学生学习的积极性与主动性，使其对学习知识形成良好的态度。从大学英语教学实践中兴趣所形成的影响来看，在英语教学中，教师应竭尽全力去激发和塑造学生的兴趣。接下来的内容，对于提高学生在学习方面的兴趣比较有效。

1. 了解并尊重学生

大学阶段是英语学习的高级阶段，在初级阶段，学生的自制能力较差，需要在教师的监督和指导下才能顺利完成学习任务。而大学阶段的学习具有一定的自我管理能力，学生能够对自己的学习负责，因此教师在教学中应尽量放开，不要过多地干涉学生的学习，尊重并了解学生的兴趣、爱好以及学习心理。

2. 增强交流

在大学的环境中，因为一个班级的学生来自不同的地区，这就导致学生之间可能在习惯或性格方面存在差异，但作为教学活动的领导者，教师不应受此影响，与此同时，还应贯彻对学生平等对待的原则。为了更好地了解学生，与学生之间形成良好的关系，教师应通过多种多样的活动，与学生保持良性的沟通、交流、互动。依据实践得知，教师会影响学生喜爱课程的程度。例如，对于一个性格开朗的教师来说，他的学生也会受到教师开朗性格的影响，学生也会喜欢与老师亲近，在很大程度上，学生会因对于教师的喜爱，而转化为对教师课程的喜爱。这也就意味着，英语教师的态度，对学生在英语学习方面的心态影响很大。

（四）输入优先原则分析

输入指的是学生通过听、读来获取语言材料的行为，同样的，输出指的是学生通过说、写的方式，表达自身思想的行为。心理语言学研究认为，输入是输出的基础，只有具备充足的输入才能具有输出能力。也就是说，学生的语言输出能力与语言输入量呈正相关。

二、大学英语教学的基本模式

（一）交际型教学模式分析

所谓交际型教学模式，指的是为达到课堂上与学生交流互动的教学目的，运用课堂、设定场景、教学双方等教学元素，建立起师生沟通、师生角色互换、场景模拟以及范围更大的交际活动，以此来展开教学。根据西方学者关于第二外语教学的相关研究报告得出：语言是文化的一种表现形式，语言与文化的内在关联属性，决定了语言教学是文化教学的一部分，同时，语言的学习不仅是为了沟通需要，更是服务跨文化交际的需要。目前，我国大多数的大学英语教育仍然停留在“能认不能说”的状态，这不能适应当代语言教学的需求。所以从实用角度出发，我们大学英语教学的改革势在必行，应该由之前的传统英语教学向交际型的英语教学转变。

目前，国际上的英语教学模式，延续的是瑞士语言学家索绪尔建立的“结构主义语言学”的理论，该理论是英语教学应以教师为主，以教授英语词汇和语法为基础。在这个理论中，把英语当成了一个文化符号的集合体，注重研究这个集合体的结构，再辅以词语的学习，灵活运用词语“填入”架构，这种完全强调形式，忽视语言的社会交际功能的学习方法，丧失了语言学习的魅力，让英语教学变得刻意和死板。

海姆斯“交际能力”理论的提出，把语言交际能力概括为具有语法性、可行性、实用现实性的特征，这其中，语法性独立于语言能力而存在，其他三种特性都涉及语用能力，它将语言能力和语用实际能力相结合，这样的观点，为传统的英语教学开辟了崭新、广阔的天地。因此，不光要引导学生学习语言知识，还要让他们进一步理解语言的运用规范，这种语言运用规范不仅强调知识，更要建立在人与人的交往中，通过人与人的交往，在实践中反复归纳总结经验，在互动中学习语言，这对之前“灌输式”的传统英语教学提出了质疑，也为英语教学的进步指引了前进的方向。①

---

① 赵常花. 媒体融合视角下的大学英语教学理论与实践研究［M］. 北京：企业管理出版社，2020.

为避免英语教学中可能遇到的文化冲突的发生，在目前的英语教学理念中，是把实现文化交流作为教学目的来强调的。在教学的过程中，教师要引导学生了解英语国家的文化底蕴，并区分外来文化中可以接受与不可接受的部分。可接受与难以接受的部分，主要涉及不同文化成长背景下，人们差异性的价值观、语言习惯、行为方式、思维模式等。分析这些方面的不同，可以达到尽量降低、缩小语言学习时文化冲突带来的干预和限制。

（二）输入—输出教学模式分析

“输入—输出”教学模式的提出是为了培养适应国际经济发展和对外交流需要的跨世纪英语人才，教学过程更符合英语学习的客观规律和学科特点，完善科学的教学大纲，培养学生学习英语的能力和建构英语思维的技能。

教师要引导学生学习，让学生体会到“习得”的重要性。教师在教授学生课本上的知识点的同时，要教会学生自主学习，强调其自身信息获取，让学生在接受外界语言信息输入的基础上，主动对信息输出进行实践，并在实践中培养学生语言转换思维的能力。

课堂教学方式要与时俱进，在课堂上完善学生对语言的系统性学习。教师在教学的过程中，要清楚了解学生的水平，根据学生水平的差异，把学生分成不同层次，针对不同层次的学生，引导教学方式要有不同方面的侧重。对于语言学习基础稍好的学生，教师要采取自学为主的方式，主要有结组讨论、学会质疑，并能使其在质疑中获得真知；对于语言学习基础稍差一些的学生，教师要为其制订学习计划，帮助他们在积累中进步。对于不同学习能力的学生，要“因材施教”，这样可以更好地达到学习效果。

课外学习的管理策略。教师可以推荐一些外文原版名著，让学生自读，并且鼓励学生与外国学生成为“笔友”。此外，还可以加强英语学习与现实生活的联系，在课余时间为学生推荐英文杂志内容，鼓励学生听、学、唱外文歌曲，激发学生学习英语的兴趣，帮助学生把英语语言学习融入日常生活中，搭建起语言学习与生活的桥梁。

（三）分级教学模式分析

大学英语分级模式，旨在根据学生的语言学习能力，把学生划分为不同的层次，因材施教制订不同的教学方案、教学目标、学生管理方式等，来提高大学英语教学效果。在具体的教学过程中，注重在课堂、辅导、练习、考评方面体现出差异层次性。分级教学的目的，是让不同学习能力的人，在不同的起点上都能取得进步。

（四）网络教学模式

目前，随着科学和网络信息技术日新月异的发展，网络与新媒体在课堂教学中的实际应用越来越广泛。英语课堂教学应该注重分析网络与新媒体在课堂教学方面的实践案例，扬长避短，学习先进经验，这有助于提高网络与新媒体在英语课堂上的辅助效果，为今后英语教学发展提供方向。

1. 网络教学模式的定义

从网络模式的定义出发，首先需要厘清模式与教学的概念区别。模式是根据众所周知的理论作为基础，来展现现实中人们活动过程和规律的一种模型形式，是某种特别活动的表现形式，所以从这个方面的表述出发，模式的概念既有内涵又有外延，理论支撑是模式的内涵所在，而因不同活动展现的差异化行为模式，则为概念的外延。教学模式，是模式概念的二级限制概念，是指人们在学习活动基础上的具体表现，其实质上是指为了达成一定的教学效果，在具体的教学理论的规范指导下，选取特殊教学方法的教学行为。而网络教学模式是教学模式的进一步限定，主要是依托网络与媒体技术构建的效果突出的教学方式方法。

2. 网络教学模式的基础

网络教学模式的有效运作，必须依托正确的教学理念和教学理论，一定的教学理念和教学理论，是构建网络教学模式的基础。

在英语学习中，不同以往的是，目前网络技术的发展对其起到了越来越明显的作用，这些影响在现实教学中被凸显和关注，使得众多语言教学领域内的研究者们，纷纷展开了各式各样的研究，这些研究从不同的角度、不同的层面解释和总结了网络技术对于英语教学的影响，也就形成了目前语言监控理论的理论基础。语言监控理论认为，人们在看待第二语言的态度中，应该重视习得优于学习。如何才算是习得语言，这就要求学生具备两种条件，其一是以目前的语言水平为基准，设立一个略高于此基准的目标，经过一系列努力，取得这个目标。其二是要克服心态障碍，一个人的心态如何，直接影响到其对自身、对事物、对目标的看法，一个积极乐观的心态，对于语言的习得可以起到事半功倍的效果，反之则会起到事倍功半的效果。第二语言需要通过两种途径去习得。第一种途径即对语言本身形式的学习，对英语而言，即对英语单词、语法或是俚语的记忆等，这是教师有意识地去教授，学生也有意识地去学习掌握的。第二种途径，显著不同于第一种途径，并不是学生有意识地习得，而是没有刻意抱着“学习”的心态，在生活中自然而然习得的。例如，对于英语而言，在一个只讲英语的场合，让学生去实践应用那些单词、语法等，能够让学生印象深刻，并且不易遗忘。这两种途径是相辅相成的关系，缺其中之一，都不能使学生很好地习得第二语言。这同时也是克拉申理论的重要论点之一，他对语言研究的启发很大，因此将其纳入大学英语网络教学是行之有效的。

3. 输入假设理论

克拉申提出的输入假设理论，具体是指语言的学习主要依靠大量的语言材料积累。当语言的教学导致学生只把学习的注意力放在单纯的词语理解和结构处理上时，学生对于英语的学习就很难产生兴趣，而语言的输入能力也会部分减弱，很难达到语言教学的初衷。克拉申强调语言的学习是通过理解和接收外部信息，再经过自身加工而实现的，这也就是说，学生需要根据自身语言水平来吸收语言材料，并根据学习进度来逐步提升，材料的难易程度应该逐级递增，不能一蹴而就，太难的语言材料会让学生丧失对语言学习的兴趣。

网络英语教学模式，是在互联网技术飞速进步，我国越来越多的学生不满足于英语语言学习方式单一的客观条件下诞生的。网络上丰富的英语学习资源和众多英语学习 APP，较好地弥补了传统英语教学的局限性，创新了英语教学形式，激发了因为传统英语教学而被压抑的学生学习兴趣，为学生提供了英语学习环境，增大了英语教学的语言输入能力。

第三节　大学英语教学策略探讨

一、课堂组织的形式

（一）选择适当的交互形式

课堂内的交互活动是教学活动的载体。交互模式决定着学生参与的程度。常见的交互模式有四种：全班集体活动、同伴活动、小组活动和个人活动。为使更多的学生参与课堂活动，一般应以同伴活动或小组活动为主要活动模式，并在活动中经常变动伙伴。

（二）指令交代形式

指令是对学生活动的指导。发出指令时，教师一定要确保已经吸引了学生们的注意力。要避免学生溜号，私下里进行谈话交流。当学生的学习氛围比较混乱的时候，应当以比较明显的方式给予提示。指令一定要简明扼要。

同时教师还应当设置终止指令，当任务终止时，教师应当对学生的任务结果进行评价，并且适当地进行表扬和否定，这样既鼓励了学生，给了学生自信与动力，同时又指出了他们的不足，让他们能够继续前进，同时要悉心解答学生的问题。

二、课堂组织策略分析

（一）课堂教学策略与课堂管理策略

1. 先学后教策略

先学和预习，有很大的差别，它们的差别就在于，是在任务提出之前还是之后学习。与预习不同，在先学进行之前，老师会给予学生课前的目标和需要完成的任务。先学执行任务并不仅仅是在课前，而是贯穿了课前、课中、课后的三个期间。先学也有自己的特色，这是任务和目标的完成方式，并不是教师对学生的传授，而是学生和教师之间互帮互助、互相讨论而完成目标的一个过程，在这个过程中，学生也是老师。这种先学后教的授课方式，是一种特别的变革，能够提高学生的思考能力、行动能力，同时加强学生的创造性和自我认知，提高老师授课的效率。

2. 学案导学策略

与教案不同，学案是为学生准备的学习方案，是对学生自主学习课程设置的思维构架，它具有很强的设计性。学案的服务对象是学生，而教案的服务对象是教师，是为教师在对学生授课时做的课程设计，同理，学案就是在学生学习的过程中，对学生学习的流程和框架进行设计。学案是依照课程标准来设计的，它通过对一个课程的学习目标、学习方法、学习任务的完全贯彻，来达成使学生完满地完成学习任务的目的。每一个学案当中，都会把本课程的难点重点突出强调出来，让学生能够注意到课程的任务强度，同时将每个难点任务的解决方式都表示出来。在这个过程中，学生自己分析自身的学习流程和自己学习上的不足，使其能够独立思考，在跟随学案学习的过程中，加强自身自主学习的能力。

3. 精讲多练策略

目前，中国个别的英语教师对学生进行的是有较大局限性的英语教育，教师只讲课本上的东西，给学生以一定的专业知识，让学生学会单词、词组和语法等，但是如果让学生直接进行交际，他们却无法流畅对话，即使是英语满分的学生也很难做到，这就是缺乏实际应用的结果。学生学会了解题答题，却学不会听和说，因此中国的英语教学应当进行改革，让学生更多地进行实践锻炼，教师应该放开手，让学生拥有更多的自由练习时间。语言是一门交际课，交际应该是在人与人之间的交流当中产生的，因此教师应当多与学生进行交流，同时让学生之间互相交流、互相练习，从而学会真正的交际。

4. 小组合作学习策略

小组学习能够调动学生的积极性，在中差等生身上发挥的作用更大。小组学习是一种灵活的学习方式，学生们在小组中积极发表意见，互相交流合作，能够吸收不同小组成员的智慧和见解，同时也可以畅所欲言，表达自己的想法，展示自己的才能。并且以小组为单位，互相竞争，更能加强学生的学习热情，同时还可以增强学生的集体观念。

5. 媒体手段运用策略

多媒体设备可以延展学生的想象力，将图像音视频与语言上的教学相结合，更加生动形象，增强学生的学习兴趣。

6. 因材施教策略

课堂教学中，教师要根据不同认知风格的学生在学习信息的表征和加工组织方面所具有的不同优势与特点，发扬学生的优点，并将其运用在学习上，同时对其缺点加以改进，扬长避短。不同的学生个体对学习的认知是不同的，因此，学生对学习的焦虑情况也有差别，应当因材施教，有针对性地解决学生的焦虑心态。

良好的课堂环境有助于外在控制向内在控制转化，为学生形成自律心理机制创造条件。课堂管理是调整课堂中学生与教师、学生与学生之间关系的一种管理，它可以使学生与教师之间相互影响、相互学习，让学生能够专注于学习，将注意力保持在课业任务上。课堂管理可以提高教师教学和学生自学的效率，从而节省时间，让学生更专注地获取知识。

适时而教，合理分配时间策略。课堂时间的安排是非常重要的，教师要在有限的时间内保持最大的效率，让学生学到更多的知识，然而时间是固定的，如何才能使课堂更加充实呢？这就需要学生和教师之间相互配合，教师要注意到每一位学生的学习状况，并适时调整教学的方法，使学生能够在学习的过程中，迅速消化学习内容，提高教学效率，为学生争取更多的时间去学习新的内容，学生在单位时间的学习效率高了，学习的内容知识多了，成绩才会更加优异。因此教师应当调整教学方式，最大限度地提高课堂效率。

（二）课堂评价策略与整体性原则

对于学习来说，学生是一个独立的个体，因此，教师应当尊重学生，在向学生传授知识的同时，也不要忽略培养学生自学能力。同时应当因材施教，了解每个学生的个性，从而有针对性地提高学生的学习积极性，使每一个学生都能得到充分发展。这一要求构成了一个课堂教学全新的平台，对课堂教学也要采取相应的评价策略。

关注学生学习行为的策略。教师在授课的过程中，不应仅注重知识的传授，同时也应该把关注点放到学生能力的培养上，加强学生的情感。一是学生要积极参与到教师的教学环节中来；二是学生应当主动地吸取教师在教学环节中传授的知识，这样主动进入教学环节的学习状态，能够在很大程度上提高学生的学习效率，同时加强学生的认知与情感；三是看学生的思维状态，学生是否能够用所学到的知识与他人进行交流，是否能够在自己不擅长的方面提出问题，发表个人的见解，互相学习，提高任务完成的效率；四是学生情感方面的状态，学生是否能够以高度的热情投入到学习中去，同时在学习的过程当中，有没有体验到愉悦感。这四个方面是相辅相成的，只有四大状态协调统一，才可能对课堂教学效果做出准确的评价。

关注教师教学行为的策略。要上好一堂课，新课程理念很重要，因为理念决定着教师在课堂教学中的具体行为。一堂课是否成功，学生学习时的状态非常重要，与之相对的，教师的教学方式也非常重要。同一个教室的学生之间，其水平和认知也是不同的，教师一定要因材施教，将教学手段灵活地运用到对每一个学生的教学中，对不同的学生设置有所差别的学习要求。同时，教学目标应当合理有据，在培养情感的同时，也应当树立学生正确的价值观，并增强其学习知识的能力。同时，必须要给学生一定的自主空间。

关注教师教学技能的策略。评价一堂课的好坏，要重点看教师的教学技能。教师能否灵活地运用教学手段，让学生在学习的过程中既有愉悦感，又能记得牢固，并使学生有高度的学习热情，这考验的是教师的素养，是教师的自我要求和教师的教学水平。

第二章　大学英语教学的基础理论

第一节　基于认知语言学的概念隐喻理论

一、认知语言学

认知语言学是语言学的一个分支，是在对转换生成语法进行批判的基础上形成的，是基于语言学和认知心理学的一门交叉学科。认知语言学将语言能力视为人类所具有的一种重要的认知能力，同时也将其作为自己的主要研究对象。

认知语言学并不是单一的语言理论，而是广泛涉及人工智能理论、系统理论等多学科知识，形成了多种认知语言学流派，如 Fillmore 等的构式语法、Langacker 的认知语法、Lakoff 等的认知语义学、S. Lamb 的神经认知语言学等。

（一）认知语言学的主要观点

（1）人的语言能力并非是先天注定的，它的形成受到学习者个体的主观努力、生活环境、学习经历、先天条件等多方面的影响。

（2）语言规则是在语言长期发展和演化的过程中形成的，其结构是相对稳定的，有相对固定的使用要求、适用条件和搭配规律。但语言规则并没有绝对严格意义上的应用格式限制，要注意研究语法现象的内在逻辑，透过语言表面现象挖掘深层含义，才能做到深入理解并灵活应用，而不能采取死记硬背的方式。

（3）基于一定语法规则的句式结构由于受到使用目的、语言功能、主观认知等因素的影响，呈现出变化多样的表现形态，所以在对句式结构进行语法分析时，不但要注意了解所使用的语法规则，还要注意分析句子所表达出来的情绪、态度、语气、意境、暗示等，理解其中的本质内容和真正含义。

（4）在进行语义分析时不仅要分析语言的组织结构形式，更要关注语言形式背后的文化含义、语言习惯、社会规范、风俗习惯等目的语言的社会文化因素，深切体会文字所表达的真实意义。

（5）语言认知能力的培养是一个系统集成的过程，是对听、说、读、写、译等单项语言技能的综合运用和培养提高。所以在语言学习过程中要注意词汇、句式、语法、体裁等各方面学习内容的协调配合和相互影响，实现学习能力的整体提高。

（二）认知语言学的主要启示

（1）教师要树立以学习者为中心的教学理念，确保学习者在教学中的主体地位。采取小组讨论、自主探究、情景教学等符合认知语言学理论观点的教学法，并根据教学实践要求灵活组合、综合运用，注重培养学习者主动思考、积极参与、勤于探索的自主学习能力、意识和态度，使学习者能够通过自己的主动认知过程和教学实践体验来获取有意义的语言知识，提高学习者的学习能力和语言运用能力，促进学习者的全面发展。

（2）认知语言学理论认为，语言认知是听、说、读、写、译的综合能力的体现，教师要以系统、综合、整体的观点组织教学过程，不仅要把认知语言学的理论方法运用在口语、听力、阅读、翻译、写作等教学模块的指导上，还要研究不同教学模块之间的内在联系和作用关系，使各教学模块能够协调发展、相互支撑，共同促进学者综合语言能力的提升。

（3）认知语言学理论认为，目的语国家的人文素养、社会形态、语言习惯、风俗传统等诸多社会的、文化的因素都会对学习者产生很大影响。教师在教学过程中要注意提供丰富的、多样化的关于目的语国家的社会文化背景知识，致力于培养学习者跨文化的交际意识，有效克服文化差异，提高跨文化交际能力。

二、基于认知语言学的概念隐喻理论

认知语言学的概念隐喻理论认为，隐喻最重要的功能不是作为一种修辞方式，而是体现了一种思维方式和认知手段。概念隐喻理论具有很大的应用范围和解释空间，可以用来解释新词汇的概念、词汇的新含义、特殊的句法格式、重要的语篇结构等一系列的语言现象，特别是在对新概念、新含义的探索和阐释中，隐喻能够在不同的事物之间建立新的联系方式，创造一定程度的相似性，是人类认识、描述、理解新事物的重要途径和方式。

（一）关于概念隐喻理论

Lakoff 和 Johnson 在《我们赖以生存的隐喻》一书中首次提出了概念隐喻理论，指出始发域和目标域是其中最重要的两个要素。他们认为隐喻是人类重要的认知方式，其中始发域一般是具体的、有形的、我们熟知的概念，而目标域一般是抽象的、无形的、需要我们理解的概念。人们常常需要依据自己熟知的概念去认识、理解自己难以把握的抽象概念，从而形成了一种在二者之间相互关联的认知方式。

Perie 和 Oshlag 认为气隐喻能够在教师与学习者之间建立高效、快速的信息沟通、传递、共享机制，教师可以将抽象的概念通过隐喻的方式传递给学习者，使学习者能以通俗、直观的方式理解抽象概念的本质意义。

Lakoff 将概念隐喻区分为两种形式：一是方位隐喻，是指运用我们熟悉的空间位置概念表示另外一个抽象的概念；二是结构隐喻，是指将我们熟悉的始发域的结构映射到目标域中，使学习者能够更好地理解目标域中的抽象概念；三是本体隐喻，是指用具体的物体来描述抽象的概念，使学习者有更直观的认识和理解，主要有实体和物质隐喻、容器隐喻。①

实体和物质隐喻是指把抽象的情感或经验看作实体，把实体具有的可量化、可分类的特点直接移植到抽象的概念中，这样我们就可以对抽象的概念类似实体那样进行量化、分类、指称处理，方便学习者理解和分析。容器隐喻是指把抽象的概念和类似容器的实体关联起来，这样抽象的概念就具有了边界明确、可以量化、有进有出的特点。

（二）正确理解隐喻功能在教学中的作用

对经典的文学文本，作者把语言的功能和内涵发挥到了极致，产生出符合现

① 蔡玲. 大学英语教学实践探索［M］. 长春：吉林文史出版社，2021.

时社会文化特征的独特的美或意境。如何培养、怎样培养学习者，能使其具备深厚的语言知识和文学涵养，并使之能够完全理解、领悟文本所蕴含的实质意义，这对外语教学来说是一个极大的挑战。对此，Steen 提出从理解文学作品中的隐喻入手也是读者在阅读文学作品中需要重点关注的问题。

正确理解教学内容中的隐喻有两个途径：一是自上而下（top - down）的方法。教师首先要向学习者列举出文本中涉及的概念隐喻，然后对这些概念隐喻的使用方法、表达形式、认知过程进行系统讲解、分析，然后指导学习者就某一类概念隐喻在文本中查找更多、更新的表达形式。二是自下而上（bottom - up）的方法。教师可以帮助学习者发现文本中的语言线索，要求学习者利用文本中的语言线索去归纳概念隐喻，建构起关于相关概念隐喻的理解，进而更好地识别文本中的同类概念隐喻，以此为切入点，最终得以准确地把握文本的意义和内涵。

总体而言，自上而下的方法可以视为演绎法，自下而上的方法可以视为归纳法，两种方法互为补充，相互促进。

Perie 和 Oshlag 认为隐喻在教学中的作用可分以下四步实现：

第一步，隐喻激活。优秀的教师知道学习者可能会在教学材料的哪些地方的理解上出现困难，需要采用一个恰当的隐喻对学习者不熟悉的、抽象的、复杂的新观点、新概念进行解读，唤醒学习者的隐喻意识。

第二步，隐喻建构。一个优秀的语言教师应当具备娴熟的教学技能和深厚的教学素养，能够敏锐地从学习者熟悉的日常生活中选取隐喻的始发域，指导学习者从始发域开始新知识的建构。

第三步，隐喻讲解。教师或是选取与学习者实际生活密切相关的、易于观察的始发域，或是采用学习者已经完全掌握和理解的相关概念的始发域，通过对始发域中的相关事物和概念进行详细讲解使学习者获得目标域的间接经验，从而使学习者建立起新、旧知识之间的内在联系。

第四步，隐喻运用。教师要及时分析评价学习者隐喻理解后的反馈信息，指导学习者进一步深入思考并展开广泛的实践应用，培养学习者运用隐喻方式解决学习过程中实际问题的能力。

（三）在教学中隐喻的具体运用

语言隐喻的使用可以是一个篇章段落、一个句式短语或者是一个词汇。隐喻教学有益于学习者深刻理解教学内容，有利于培养学习者的隐喻意识和能力，使学习者更有效、更生动、更直观地理解和掌握语言的本质，促进学习者学习能力和交际能力的发展。

在词汇教学中，特别是在多义词的教学方面，概念隐喻具有其独特的实用价值。多义词包含了多个不同的意义表达，这些看似完全不同的义项其实并不是孤立存在的，而是有着某种内在的、隐含的联系，这种联系并不是简单的、明确的、直接的对应关系，可以从概念隐喻和概念转喻的角度来理解和阐释。

在句式分析中，根据 Crady 提出的观点，概念隐喻是由始发域指向目标域的单向映射，体现了始发域和目标域的一一对应关系，这取决于概念隐喻的共现经验基础。据此，我们就可以具体分析篇章中句式结构的合理性。

在篇章分析中，学者们对文学作品中的文学隐喻进行了大量统计分析，认为大量的文学隐喻不论其复杂程度还是新颖程度，都是对日常生活语言中常规的概念隐喻的进一步深化、细化、扩展、组合，是对常规概念隐喻的发展与创新。文学作品中有大量的复杂的隐喻表达形式，将认知语言学中概念隐喻的相关理论观点用于指导具体的语言教学实践，有利于学习者准确地把握篇章中文学隐喻所表达的深层次意义，减少学者作对篇章理解过程中可能出现的偏差、曲解或误会。

第二节 多元智能理论

美国哈佛大学教授、发展心理学家 H. Gardner 受到当时脑科学、神经科学及其他社会学科发展的影响，于 1983 年在其《智能的结构》这一心理学和教育学著作中首次提出了多元智能理论。

智能智力具有多元的结构，提出了言语/语言智能、音乐/节奏智能、逻辑/数理智能、视觉/空间智能、身体/动觉智能、自知/自省智能、交往/交流智能七种智能形式。这些智能形式是以相对独立的形式存在，即使是同一种智能也有着不同的表现形式，他们在每个学习者身上以不同的方式、不同的状态、不同的程度进行着各种排列、组合和叠加，使得每个学习者的智能水平和智能类型千差万别，各具特色。

我们每个人都是与众不同的，只有承认学习者所具有的不同类型的智能结构时，教育才能取得最好的效果。多元智能理论有助于教育学家重新认识传统教育中对学习者智能能力的评价方式，深入挖掘学习者身上尚未被发现和重视的潜在智能形式，鼓励学习者积极探索属于自己的成长道路，因而对教育产生了深远的影响。

一、多元智能理论的主要特点

（一）多元评价

中国教育长期以来一直受英国心理学家 C. E. Spearman 的智能二因素说的影响，认为智能由一般因素和特殊因素构成。它尤其注重学习者的言语/语言智能和逻辑/数理智能的培养，基本上忽略了其他智能类型的发掘、发现和发展，教学评价也主要是围绕这两类智能形式展开，并且以智商测试、学科专业测试等完全量化的数据作为评价的主要依据，具有很大的局限性和错误的导向性。

多元智能理论认为，每个学习者的智能是一个多元的智能系统，七种智能形式没有主次之分，都是同等重要的，但由于每个学习者的先天条件、生活环境、教育经历等方面存在极大的差异性，这七种智能形式的发展是不均衡的，也不可能做到完全的同步协调发展。学习者的外在特点往往取决于七种智能形式中比较突出的方面，每个学习者都有自己的优势智力领域，都有自己独特的学习方式，与传统评价方式相比，多元智能理论更加关注学习者的优势智能形式的充分发挥，以及其他智能形式的协调发展，尤其重视学习者实践能力和创新能力的发展，而不是所有智能形式的同步推进。

多元智能理论认为，每个学习者都存在着巨大的潜能，这就要求教师不能以单一的考核标准对学习者进行评价，而应以多元的视角认识学习者，以宽容的心态帮助学习者，以差异化的方法指导学习者，充分尊重每个学习者的个性特点、学习方式和发展方向：教师应当擅于从多方面、多角度、多方式地去发现和培养人才，引导学习者选择适合自己特点的发展方向。

（二）整体发展

多元智能理论认为，我们每个人都同时拥有这七种智能形式，他们的存在状态是相对独立的，但是在现实生活中的作用又是相互联系、相互影响的。一方面，对于每个学习者来说它们都是同等重要的因素，在推动学习者整体素质提高的过程中都会起到各自独特而又不可或缺的作用，所以应当注重各种智能因素的整体协调和平衡发展。另一方面，由于受到客观环境和主观意识的影响，每个学习者外在表现出来的智能形式也是各具特点，具有十分明显的差异。教师要针对每个学习者的突出特点和内在潜能，采取多样化、差异化的教学策略和教学方法，通过各种渠道提供丰富的教学资源，培养学习者主动认识、发现、建构自身智能的意识和自觉，拓宽展现自我、实现向我的渠道。

（三）注重实践

智能的形成和发展是人们在社会实践中进行产品的加工、创造的过程，是不断认识、发现新事物的过程，是提高个体在社会生活中的适应能力和生存能力的过程，是提高个体在社会实践中发现问题并解决问题能力的过程，因此学习者的智能水平必须在实践中得到锻炼、检验和提高。

（四）持续开发

人的多元智能发展水平的高低取决于开发的程度，任何一种智能形式都是能够持续发展的，教师应当给予学习者以有效的激励和科学的指导，积极促进学习者多元智能的开发。开发的程度越高，持续发展的能力就越强，相应的智能水平也越高。

二、基于多元智能理论的教学指导

（一）科学设计教学目标

发展学习者的智能水平能够使个体解决自己所遇到的真正难题或困难，为新知识的获得打下基础。具体来说，应当将教学目标设定为认知目标和智能发展目标，在认知目标的设定上要符合学习者的认知水平，很多英语教材对于词汇和语法项目在不同阶段有不同层次的要求；在智能发展目标的设定上可以在七种智能形式中选择一种或几种智能形式作为发展的重点，智能发展目标的设定要符合学习者的实际情况和个性特点。教学目标设计时应当将两种目标有机融合起来。

（二）提高学习者综合素质

智能发展离不开具体的社会环境，要把培养和提高学习者发现和解决现实问题的能力放在核心位置上，而不能仅仅简单地以语言能力的高低或者逻辑思维能力的强弱作为衡量学习者智力水平的唯一依据。因此，应当把提高学习者的综合素质作为教学的一个重要方面，鼓励学习者利用多媒体、网络、图书馆等进行主题探索性的研究，教学内容和教学主题的设计应以学习者感兴趣的话题和实际生活经验为基础，建构师生共同认可的教学情境，注重发展和培养学习者跨文化交际的能力，努力为学习者创设实践应用的机会和空间，提高学习者解决真实生活中个人所遇到问题的能力，促进学习者多元智能得到全面、有效的发展。

（三）实施个性化教学

每个学习者在学习过程中都表现出不同的智能特点，都是以自己独有的方式进行学习，较好的智能发展水平能够有效提升语言学习能力，反之，语言学习能力的增强也进一步促进了智能水平的发展。

传统的英语教学注重语言知识和技能的学习，在教学方法上机械模仿、重复操练的做法比较普遍，致使学习者对语言知识死记硬背，自主学习能力和创新意识严重缺失，影响了学习者智力水平的提高。多元智能理论要求教师和学习者深入了解和认识自身的智能弱势因素和强势因素，根据对己智能结构的了解，选择适合向己的思考与学习模式，并加强对智能弱势因素的针对性训练。同时教师要结合每个学习者的智能水平和类型特点，设计个别化的教学策略，实施有针对性的个性化教学，使所有学习者均得到发展。

（四）运用多元学习策略

语言学家克拉申提出的情感过滤假说，认为学习者的动机、信心、焦虑等情感因素构成了学习者在语言习得过程中的重要心理障碍，形成了对语言信息的过滤作用，使得教学信息无法及时有效地传导到大脑中。

多元智能理论指导下的教学采取多样化的教学策略，注重营造轻松的学习氛围，特别是要充分调动和发挥学习者比较突出的智能形式，激发学习者的自信心，有效减轻学习者的焦虑感，形成积极主动的学习态度，消除语言习得过程中的心理障碍，减少对语言输入信息的过滤，提高语言输入的数量和质量。

（五）开展真实性教学评价

多元智能理论反对传统的单一评价方式，认为应当在不同的教学情境和具体的现实生活中对学习者进行全过程的、全面的、动态的真实性评价，重点考查学习者解决实际问题的能力，关注学习者在交际活动中的语言运用能力，激励学习者智能水平的全面发展。

开展真实性教学评价要从以下三个方面着手。一是强调评价指标的多元化，教师应当在课堂教学和实践应用的各个教学活动环节中注意观察、识别、分析每个学习者智能形式中的弱势因素和强势因素，依据每个学习者的智能水平和类型特点来设计个性化的评价标准。二是强调评价主体的多元化，教师要从多种渠道了解学习者的学习情况，争取让所有学习者都有机会参与自我评价和互助评价活动，使评价更趋全面客观。三是强调评价形式的多样化，教师可以采用观察法、访谈法等多种评价方式，使评价信息尽可能的真实、准确，有利于学习者了解自己的智能水平和发展状态，发现学习者的优势智能领域，引导学习者将优势智能领域的学习能力迁移到弱势智能领域，使他们的英语学习更有成效。

三、基于多元智力基本结构的教学策略

（一）言语/语言智能的教学策略

言语/语言智能是指学习者能够创造性地运用口头和书面语言描述事件、表达思想并与他人进行交流的能力，在教学中进行听、说、读、写四项基本技能的综合训练是发展言语/语言智能的主要途径。

（二）逻辑/数理智能的教学策略

逻辑/数理智能是指学习者运用逻辑、推理来发现问题和解决问题的能力。逻辑/数理智能较强的学习者在学习过程中更倾向于抽象思维模式，他们会运用逻辑推理方式解决问题，并借助于抽象符号进行学习，具有强烈的求知欲和探索精神，敢于迎接困难挑战。

在教学过程中，教师应当指导学习者利用必要的语言知识和背景知识进行分析综合、判断推理等创造性思维活动，以达到对新知识的理解与吸收。经常使用的策略有以下几种。

一是排序能力。教师可以尝试将单词中的字母排列顺序、句式中的单词组合顺序、语篇中的情节发生顺序打乱，然后组织学习者进行听或读，并让学习者根据自己的理解重新排序。

二是归纳能力。教师在特定的语言环境中为学习者提供听、读内容，学习者依据教学材料中的语言现象进一步认识和梳理语法使用规则，并能依据语篇中的语言信息总结归纳出段落所要表达的中心思想。

三是演绎能力。教师可以首先展示语法规则并列举具体例子进行说明，然后指导学习者尝试将所学的语法规则应用于新的语言表达对象，并使其在应用过程中进一步加深对语法规则的认识和理解。

（三）视觉/空间智能的教学策略

视觉/空间智能是指学习者借助空间概念和视觉形式直观、形象地进行情感的表达。视觉/空间智能较强的学习者形象思维能力突出，他们有很好的空间结构感，善于描述和把握空间关系，能够敏锐地捕捉细节表现。他们还有很好的色彩感，善于借助视觉图像形式进行学习。

20 世纪 70 年代，保加利亚精神病医师和教育家 G. Lozanov 提出的加速学理论认为，通过外部刺激方式可以更快地提高学习质量和学习效率，有利于提高学习者的长期记忆。要鼓励教师在课堂教学中营造一个生动、舒适、有趣的教学环境，并通过实物陈列、图片展示、制作海报、作品创作、电影赏析等表现手法，使教学内容以视觉艺术的形式表达出来，有效增强教学效果。

经常使用的策略有以下几种：

一是框架与图表写作。教师组织学习者对范文的篇章结构进行解析，提出范文的框架图表，并以视图提纲的形式指导学习者按照语言规范要求进行仿写。通过这种方式，学习者能够快速掌握写作的任务流程和具体要求，学会借助视觉图像的方式组织写作思路，帮助学习者在短的时间内尽快提高写作水平。

二是概念构图。J. Novak 和 B. Gowin 于 1984 年在《学会学习》一书中提出了概念构图，就是以简洁的图形表达知识结构，形象地呈现各知识点之间的联系，指导学习者进行有意义的学习，提高学习者对概念的理解。

英国应用语言学教授 J. Scrivener 在《学习教学：英语教师指南》中提出了

“单词网”词汇教学法。“单词网”是指同类性质的单词按一定的结构层次关系形成的单词网络，学习者利用这种“单词网”进行比较、分析、综合等思维活动，并通过这种游戏性的练习，在掌握新知识、提高思维能力的同时又大大提高了学习者的学习兴趣。

三是简笔画与线标。教师在黑板或幻灯片上勾勒简单的符号以配合教学内容的讲解，有利于吸引学习者的注意力，调动学习者的视觉感官体验。教师的讲解方式更加直观，学习者对学习内容的认识、理解、记忆更加深刻，这种方式常常用在教师需要讲解比较枯燥的语法概念或者分析词汇的多重含义时。

（四）身体/运动智能的教学策略

身体/运动智能是指学习者善于运用身体动作和体态来表达自己情感的能力，以及动手的能力。身体/运动智能较强的学习者喜欢通过表演、舞蹈、运动、扮演角色和动手操作的方式来学习知识。教学过程中教师借助肢体语言帮助学习者学习，并通过学习者的动作表演去评估他们对知识的掌握情况。

较为常见的策略为全身反应游戏，这是 20 世纪 80 年代初由 J. J. Asher 提出的教学法。在课堂教学中教师通过口头指令同时辅以相应的肢体动作来传达教学要求，学习者在充分理解的基础上按要求重复教师的口头指令并通过身体动作的反应来参与学习活动，这一策略适合低年级的英语教学。

通过这种方式将真实的社会文化活动场景生动地呈现于课堂教学，使每个学习者都能参与其中，为学习者提供了大量的语言交际实践机会，使学习者对语言的理解与感受更接近于真实情况。教师在组织角色扮演活动时要掌握好学习者投入表演的程度，要始终围绕掌握语言知识的初衷，不要对表演过程中产生的一些语言错误随时进行纠正，可在事后选择其中有代表性的错误进行集中解释与练习。

（五）音乐/节奏智能的教学策略

音乐/节奏智能是学习者通过歌曲创作、乐器演奏、歌曲演唱等形式来表达情感的能力。音乐/节奏智能较强的学习者擅长通过乐曲和歌词进行学习，教师可采取在课堂中播放音乐、学唱英文歌曲、进行朗读等教学方式，有效改善教学效果。

（六）交往/交流智能的教学策略

交往/交流智能较强的学习者对他人的心思、动作领会很快，能够处理好不同类型的人际关系，能理解和尊重他人，能站在别人的立场上思考并理解问题，喜欢以小组形式活动，并往往具有很强的领导和组织才能。

经常使用的策略有以下几种：

一是合作学习。合作学习是20世纪70年代初兴起的一种学习理论，其主要观点包括以下几种：以学习小组作为学习的基本单位，通过组织小组讨论、即兴表演、学习竞赛等教学活动，使每个学习者都拥有更多的语言交际实践机会；强调小组间的竞争，小组成员形成密切的合作学习关系，通过小组成员的共同努力完成教学任务；学习过程中教师要给予及时的、必要的现场指导，督促学习者不断反思、总结合作学习经验；明确各小组成员的任务，使所有学习者在参与小组活动时做到共同参与、机会均等，尽可能避免个别学习者对整个小组活动的支配和垄断。①

二是头脑风暴。头脑风暴是由美国创造学的奠基人 A. F. Osborn 提出的发展创造性潜能的一种教学策略，鼓励小组成员在头脑风暴的讨论中敞开思想、自由畅谈、激发灵感，在小组成员的相互思想碰撞中形成新观点、新思路，提出创新性的问题解决办法。运用头脑风暴策略训练要注意提出的问题应该是简单的、易理解的、目的明确的，要营造自由的、平等的、友好的、随意的讨论交流氛围，使得小组成员能够积极参与、集思广益、相互补充、相互启发、凝聚共识，充分体现团队合作的智慧。

三是多元文化教育。Campbell 和 Dickinson 在所著的《多元智力教与学的策略》一书中指出，优质的教育应该是面对每个学习者的多元文化教育。接受多元文化教育的学习者具有强烈的与他人合作的愿望，并能在交流过程中获得语言学习的知识和技巧，提高语言交际运用能力。

（七）自知/自省智能的教学策略

自知/自省智能是指学习者进行自我认识和自我反思的能力，自知/自省智能

① 单士坤，王敏. 二语习得理论视阈下的高校英语教学策略研究［M］. 长春：吉林大学出版社，2020.

较强的学习者善于分析自己的心理状态，了解自己的长处与短处，自主学习能力也较强。教学过程中培养学习者的元认知能力是提高学习自知/自省智能的重要基础，有利于帮助学习者更好地认识、理解自己的学习目标和情感变化。一是培养元认知策略。元认知策略要用于监控记忆认知策略、语法学习策略、听力认知策略、口语认知策略、阅读认知策略、写作认知策略等其他策略的使用，并通过计划管理、实时监控和反馈评价等过程和环节进行各项认知策略的随时调整，所以元认知策略对学习者的各项策略起到了总体协调和平衡的作用，是培养学习者自主学习能力的重要渠道。二是开展情感教育。教学活动不仅是认知信息的传递加工过程，还是情感信息的交流和体验过程，教师要培养学习者的各种高尚情操，发展学习者的情感能力，指导学习者客观认知、把握、控制、引导自己的情绪状态，始终保持乐观向上的学习态度，形成健康、积极的情感表达和交往方式。

第三节　全语言教学理论

全语言教学理论是基于对儿童习得语言的行为方式和特点进行分析研究的基础上形成和发展起来的一系列理论和原则，也有学者称为整体语言教学。全语言教学理论的核心观点是认为语言习得是学习者的学习能力、认知心理、情感需求等内部条件与信息输入、社会环境等外部条件相互作用的结果。

一、全语言教学中的教学方法

（1）美国教育心理学家 R. M. Gagne 认为，学习能力主要包括智力水平、认知策略、表达能力、运动技能、动机态度。对这些学习能力的培养需要采取有针对性的学习方法，具备特定的学习条件，不可能找到一种普遍适用的学习方法使学习者能够同时获得这些学习能力。

全语言教学理论强调，教学方法和教学策略的运用要综合考虑教学对象、教学内容、教学管理、教学环境等诸多因素的影响。一个优秀的英语教师必须熟悉语言教学的特点规律，具有开放的视野、发散的思维、创新的意识，并能熟练掌握各种行之有效的教学理论、模式和方法，在教学过程中要根据学习者的实际能力水平，针对特定学习技能培养的需要，扬长避短，博采众长，根据不同的教学环境条件采取有针对性的教学方法。

（2）全语言教学理论认为，语言是一个完整的系统，不能简单地切分成语音、词汇、语法、句式等独立的组成部分，那样的话语言就失去了其完整的意义。教学过程中教师应当把有意义的语言完整地传递给学习者，学习者只有把听、说、读、写、译等各单项语言技能有机地结合起来，才能构建起语言运用的综合能力。其中各单项语言技能的培养和提高不是孤立完成的，它们是相辅相成、相互影响、相互促进的关系，这就要求教师在教学过程中将听、说、读、写、译能力的培养放在同等重要的位置上，实现由单项语言技能培养为中心转变为以综合语言能力培养为中心。

Routman 认为，全语言教学是从整体到个体再到整体的教学方式。课堂教学材料的学习要实现由原来的从词、句到篇章的组装式教学顺序转变到由篇章到句、词的分解式教学顺序，使学习者能够积极地进行自主学习而不是被动地重复语篇内容。

二、全语言教学中的语言环境

全语言教学理论认为，语言能力的形成和发展是语言系统和社会环境互动作用的结果，语言习得只能发生在特定的社会环境条件下。全语言教学理论倡导在形态多样、意义明确、模拟真实的社会文化情境中，通过与他人的交际互动来习得语言，教师既要发挥学校课堂教学的核心平台功能，又要努力为学习者创设一个更为广阔的、更接近现实社会生活的课外学习环境，多渠道、多层次地组织形式多样、生动有趣的课外活动。

（1）全语言教学理论强调以内容为中心，由单纯的语言技能训练转变为有意义的学习，在教学内容的安排上采取主题单元的形式，语言教学内容应当与社会、文化、民族、国家等主题相关联，学习者围绕一个特定的主题开展广泛阅读、深入讨论、模仿写作等学习活动，教师采取研讨讲座、调查研究、参观访问、科学实验等方式激发学习者的学习动机，使学习者能够从多角度、多层次认识问题，从而强化学习者对教学内容的理解和掌握。

（2）打破封闭单一的英语语言学习体系，把英语语言知识学习与其他学科专业知识学习有机整合起来。同时注重跨学科学习能力的培养，将语言作为一种交流的媒介，一种知识的载体，使学习者在不同学科专业内容的相互交叉、影响渗透和整合重构中开阔视野，增强能力。学习者在利用语言技能探究其他学科专业知识的过程中能更好地把握语言自身的特点和规律，使得各种语言能力之间相互贯通、协调发展、相互促进，为学习者语言学习开辟更为广阔的时空领域，提高学习者的综合素质。

（3）语言学家 K. Goodman 认为，学习者在真实自然的篇章语境中能够更快地掌握学习要领。Judith 认为，听、说、读、写等单项语言技能的培养都应该在真实的语境中进行，有利于学习者更好地完成语言表达和沟通交流的目的。特别是现代信息技术越来越发达，计算机和网络的快速普及改变了人们学习的方式，网络教学资源和知识信息量十分庞杂，信息传递快速、及时、准确，手机等智能终端的应用普及使得资料的查询阅读摆脱了时间和空间的局限，为语言教学提供了一个近乎真实的社会文化情境，信息技术的发展为全语言教学理念的实现提供了充分的条件，

（4）文化和语言是密不可分的，语言是文化的主要表达形式和重要组成部分，任何一种长期使用的语言都是基于深厚的社会文化基础，都是基于长久以来的历史积淀。了解目的语国家的文化特点、历史背景是全面透彻地掌握目的语言的关键和前提，有利于促进学习者语言应用能力的提高。教师不仅仅要讲授语言知识，还要注重培养学习者的跨文化意识，强化对英语国家文化的认知能力。

三、全语言教学中的教学对象

（1）根据 Maslow 的需求理论，在教学过程中要充分考虑学习者的各层次需求，尤其是被他人需要、被他人尊重的需求和获得自我实现的需求。全语言教学理论倡导以人为本，尊重学习者的个性差异，充分考虑学习者的个性需要、兴趣爱好、能力特点、学习风格、学习策略、心理状态和生理特点，切实做到因材施教，了解学习者学习英语的目的和动机，注意学习过程和结果的及时反馈，实现从以教师为中心到以学习者为中心的转变。

（2）全语言教学理论强调教学要面向所有学习者，倡导有教无类的教育理

念，使每一个学习者都能得到关爱、指导、帮助。教师要研究分析每一个学习者在学习能力、学习动机、学习方法等方面的差异性，教学过程中要注意发挥每个学习者的优势和特长，深入挖掘每个学习者的内在潜能，全面认识每个学习者的智力结构，尤其是对于学习能力比较差的学习者要给予个性化、有针对性的指导，协助他们制定学习策略，使所有学习者的综合素质和学习能力都能得到全面发展。

（3）课堂教学是由教师、学习者、教学环境等多种因素共同构成的多维时空结构，教学过程应该是师生双方情感交融的互动过程，要充分调动学习者的主观能动性，鼓励学习者主动发现、积极探究和体验实践。通过师生之间的积极互动、交流、沟通，促进学习者进行有意义的自主学习。

（4）在教学过程中教师除了要传播语言知识、培养语言能力，更要注重培养学习者积极主动的学习态度、强烈的学习动机和学习兴趣、不断开拓进取的创新意识、身心的全面健康成长，使语言学习成为全人教育的重要形式和载体。

四、全语言教学中的教师要求

（1）全语言教学对教师的知识、能力和素质提出了更高、更全面的要求：一是全语言教学倡导个性化、差异化教学，这就对教师的记忆能力和前期备课提出了很高的要求，很多教师并不具备收放自如的驾驭能力；二是全语言教学倡导按一定的主题组织教学，这就要求教师在备课时要围绕主题内容广泛收集学习资料、精心编排教学内容、灵活设计教学活动、创设教学情境、组织交际活动，这些都需要教师付出大量的时间精力；三是全语言教学要求教师要监控每个学习者的学习状态，关注每个学习者取得的进步，满足每个学习者不同的学习需求并提供个性化的学习指导，这些实施起来难度也很大。

（2）要改变以教师为中心的教学理念，改变教师教学活动的控制者角色，使其从语言知识和技能的传授者转变为教学活动的策划者、启发者，营造一种愉悦、宽松、平等、合作的教学氛围。在教学过程中教师要紧紧围绕学习者这个中心，及时调整自己扮演的角色，成为语言教学的组织者、学习过程的指导者、主情景表演的示范者、语言技能训练的对话者和监督者，给学习者全方位的支持。

第四节　个别化教学理论

个别化教学的基本教学原则是以学习者为中心，充分满足学习者的个性需求。学习内容、进度安排、教学顺序、学习策略、学习平台、学习目标等相关教学要素的选择主要是根据学习者的学习需要、能力和态度来决定的。

个别化教学理论吸收了认知主义的认知发现学习理论，强调语言知识的获得主要是来源于学习者自身的学习实践和积极探索；个别化教学理论吸收了人本主义理论关于重视人的情感因素的教学思想，强调学习者在教师的指导帮助下积极参与、自主决定学习过程；个别化教学理论吸收了建构主义学习理论，强调学习者是教学活动的主体，而教师更多的是扮演了协调者、帮助者和促进者的角色，并要重视学习情境的建构。所以个别化教学理论是伴随着认知主义理论、人本主义理论、建构主义理论的兴起而逐步发展起来的。

一、基于程序的个别化教学

早期的个别化教学主要包括：1912 年，F. Burk 进行的个别学习教学试验，认为学习者可以按照自己的计划安排学习；1919 年，C. W. Washbume 提出的温内特卡计划，提倡充分发展儿童的个性特点，注重培养儿童的社会意识；1920 年，H. H. Parkhurst 的道尔顿实验室计划，主张废除年级和班级教学，学习者在教师的指导下自己选择学习教材、自己决定学习时间及自己安排学习进度，以达到发展学习者个性的教学目的。但是真正存在深远影响的是 20 世纪 50 年代初兴起的程序教学。

程序教学是按照规定的程序进行的教学。1925 年，程序教学的创始人美国心理学家 S. Pressey 设计了第一台自动教学机，并允许学习者自主决定学习进度，其主要用于对学习者进行自动化测试。然而由于自动教学机在设计上存在欠缺，在教学上推广应用的客观条件还不成熟，Pressey 设计的自动教学机没有取得预期的效果。

1954 年，哈佛大学的 B. F. Skinner 根据他的操作条件反射理论设计了新的教学机器。他的教学机器有以下主要功能：一是获取教学机器设定的正确答案成为引导学习者学习的动力，使学习者的学习行为得到了积极强化，同时也提高了学习效率；二是教学机器能按预先的程序设定，对学习者学习过程中获取的正确答案给予即时的反馈和强化，提高了学习效果；二是通过使用教学机器，教师可以把教学内容组织成为一个连续的顺序，并设计了一系列强化措施；四是教师通过使用教学机器能够同时监督全体学习者尽可能完成学习任务；五是教学机器的程序设定允许学习者按自己的进度安排循序渐进地自主完成学习任务，有利于提高学习者的责任感。

20 世纪 50 年代末到 60 年代初，程序教学迅速发展，各种类型的教学机器纷纷投入使用，程序设计取得了明显效果。但与此同时，一些心理学家和教育学家对程序教学的探索提出了反对意见，主要理由是程序教学大多是围绕教学机器来进行，其灵活性不足，而开发真正有效的程序教材需要进行系统的设计和反复的实验，其难度很大，而且对于复杂的教学任务也难以完成。

二、基于学习者的个别化教学

20 世纪 60 年代后期，程序教学运动走向衰落，受行为主义心理学的影响，一些学者开始进行基于学习者的个别化教学管理技术研究。

1963 年，哥伦比亚大学心理学家 F. S. Keller 提出了个人学习系统，关注强化理论在教学过程中的运用，强调由学习者自主决定学习进度，教学过程中主要依靠书面指导，减少教师的讲授时间。1968 年，芝加哥大学教育学家和心理学家 B. S. Bloom 提出了掌握学习法，要求教师根据实际需要及时调整教学时间安排以确保所有学习者完全掌握每一项学习内容，强调学习者必须完全达到前一个单元的教学目标和教学要求才能开始下一个单元的学习，教师应当对学习过程进行动态评价以了解学习者对教学内容的掌握程度。1961 年，普渡大学植物学教授 S. N. Postiethwait 设计了录音指导法，教师在专用教室播放预先录制好的录音带，要求学习者按录音带的播放顺序完成各项学习内容，教师主要是进行个别辅导和答疑。

20 世纪 70 年代，其他一些个别化教学系统先后在课堂教学中得到了推广应用，这些系统的设计主要有以下一些特点：

（1）由于每个学习者在智力基础、学习能力、生活经验和知识水平等方面有较大差异，所以对于同一教学目标的学习，应该设定不同的学习起点，完全相同的教学进度安排很难适合每个学习者。个别化教学主张应该使每个学习者能够根据自己的实际情况和具体需求自主决定学习进度和学习方式，从而增强学习的主动性。教师在教学过程中的作用由信息提供者变为教学的计划者、管理者和辅导者。

（2）教师应当根据学习者学习的进展情况及时提供反馈信息，指导学习者及时调整进度安排和学习策略，由于当时的学者在教学理论研究过程中深受行为主义心理学的影响，对学习者内部认知过程的特点规律还缺乏系统深入的研究，所以当时学者提出的反馈概念还比较笼统和简单，尚没有形成完善的反馈机制，主要是指对正确反应的积极强化，但仍有一定的启发意义。

（3）个别化教学的要求不但要体现在教师教学方法的不断改进上，还应当体现在学习者学习方法的有效运用上。教师提供的教学材料应当是一套完整的教学指导，包括已经分解细化的教学目标、与课文内容配套的教学辅导材料和供学习者参考的学习策略和具体方法等。

三、基于计算机辅助的个别化教学

自从计算机诞生以来，许多专家学者就开始探索如何把计算机技术应用于教育教学领域。1958 年，美国 IBM 公司沃斯顿研究所研制出用于学校教学的计算机辅助教学（CAI）系统程序，最初的 CAI 系统主要是弥补课堂教学在时间和空间上的局限，使学习者更好地掌握课堂教学内容，一般用于课后答疑、课外训练、个别辅导、模拟测验、过程评价等方面。

20 世纪 60 年代初期的 CAI 系统开始用于课堂教学过程，尝试以计算机技术模拟已经比较规范的教学实施步骤和教学组织流程，以取代教师的一些重复性工作内容，使课堂教学更为精简高效。随着计算机技术的快速发展，计算机辅助教学系统的功能不断完善和扩展，使学习者可以根据学习进展情况选择自己需要的教学资源，形成切合自己特点的教学计划，这极大地改变了以往被动听讲的传统学习方式，使学习者开始主动介入教学过程。因此，个别化教学理论得到了较好的贯彻实施。

进入 20 世纪，多媒体技术、网络技术、现代通信技术、智能终端技术的应用十分迅速，极大地推动了语言教学的发展，基于计算机辅助的个别化教学理念也得到了前所未有的传播，计算机多媒体技术已经融入人们的口常生活。基于网络环境下的多媒体信息形式多样，包括了文本、图片、音频、影像、动画等样态，呈现信息量大、易于传播的特点。其内容丰富活泼，教学方式灵活，极大地改变了人们的生活和学习方式，提高了学习者的学习效果。当前乃至今后，基于网络的个别化学习已经成为个别化学习的主要形式。

四、个别化教学的特点

（1）个别化教学坚持以学习者为中心，一切教学活动的设计开展都是紧紧围绕提高学习者的学习能力为目标进行，强调满足学习者的个性化学习需求，允许学习者根据自身条件、兴趣爱好和学习方式自主选择学习内容、合理安排学习计划、主动控制学习进度等，充分体现了教学的人性化特点。

（2）在以学习者为中心的前提下，教师在引导学习者完成学习任务、帮助学习者制定个性化的学习目标、指导学习者选择最优化的学习策略，以及向学习者提供丰富的教学辅助资源等方面发挥了越来越重要的作用。在教学过程中，教师主要是通过使用教学管理平台、对学习者进行个别指导、加强对教学过程的全面监控等方式对学习活动施加影响，是学习者学习过程的指导者和帮助者。

（3）个别化教学要求提供多样化的教学环境和教学组织形式以满足不同基础、不同类型、不同特点学习者的要求，包括学习场所的个性化、活动形式的选择性和学习工具的多样化。例如，有的学习者喜欢小组合作学习，有的学习者喜欢自主学习；有的学习者通过实践完成学习任务，有的学习者以教师的课堂授课为主。

（4）个别化教学过程中仍然需要制定明确的教学目标，教师以此对学习者的学习过程进行有针对性的指导，使学习者的学习始终围绕教学目标进行，同时也有利于培养学习者的责任心，督促学习者主动完成学习任务，养成良好的学习习惯。

（5）在个别化教学中呈现给学习者的学习内容一般是由优秀的教师和专家团队来精心组织和准备的，学习者获得的学习资源来源更加广泛，题材选择更加丰富，呈现形式更加多样，信息输入量也要比传统的课堂教学更加充分。学习者可以从自己的需要出发自主选择适合自己特点、符合自己兴趣爱好的学习内容。

（6）与其他传统的教学方式不同，在个别化教学的实施过程中学习者可以从教师、教学平台系统、网络空间等不同渠道得到及时、准确的信息反馈，这些反馈信息适合每个学习者的个性特点和具体需求，更有针对性，效果也更明显，有利于增强学习者的信心。①

（7）基于现代计算机技术、多媒体技术、网络技术的个别化教学系统可以大幅度地减少教师重复性、机械性的工作，使教师抽出更多的时间和精力用于对学习者进行个别指导，特别是那些学习能力较差的学习者，教师可以根据他们的特点和问题综合运用各种现代教育技术手段给予其全面的个性化指导，帮助学习者不断改进学习方法和学习习惯。

（8）相比于传统的教学方式，在个别化教学中学习者作为独立的个体具有更为强烈的个性化色彩，拥有更为多样的学习机会，能展现出更为宽广的发展空间，但是个别化学习并不等于学习者自己单独学习，还需要与教师、同学共同讨论学习内容。他们彼此间的交流合作，有利于增强学习信心，提高认知水平，发挥学者的主动性和能动性，更快地构建自己的知识体系。

个别化教学在实践中也存在很多难以克服的不足。一是与其他学习方式相比，个别化教学对学习者的主动性要求较高；二是教师要抽出大量的课外时间和精力精确了解每个学习者的特点，熟练掌握各种教学媒体技术和教学管理平台的使用方法，设计出适合不同学习者需求的个性化辅导教材，实施难度很大；三是实施个别化教学对各种现代教育技术的依赖、对教学环境的配置要求都很高，建立功能完善的个别化教学管理系统需要投入大量的人力和财力。

第五节　语块理论

Lewis 提出了词汇组块教学法，认为词汇应该成为语言教学的中心，似是在词汇和句式之间还存在着一种语块结构，其同时兼有词汇和句式的特征。Lewis

① 李冬辉. 大学英语自主学习相关研究与分析［M］. 沈阳：辽海出版社，2019.

认为，语块结构是一种多词的、预制的半固定式结构，在掌握这些预制的语言板块时它可以加速语言理解和产出的进程，大大提高学习者口语表达的流利性，对于提高学习者的语言交际能力具有重要的意义。Nattinger 等人认为，影响语言流利程度的主要因素不是语法规则和词汇，而是大量存在的语块。

一、语块理论的定义

Altenberg 的研究表明，大部分语言交际是通过语块的运用来完成的，语块可以被认为是基本的语言单位。

对于语块的定义可以从以下两个方面来理解：

（一）形式上的整体性

语块是词汇与词汇的组合，也可以说是词汇短语，以一个固定的结构形式存储在我们的记忆中，当我们在交谈、阅读、写作时可以随时调用。语块的结构形式与语言中的习语、自由搭配的结构形式有很大区别，习语的结构形式是完全固定不变的，没有任何变动、发挥、创造的空间，自由搭配的结构形式则完全是按照语言规则的要求临时组合，变化形式十分丰富，不利于学习者短期内的理解和掌握，而语块的结构形式介于二者之间，是一种半固定的搭配形式，是一种约定俗成的词汇序列。如果某个词汇序列以同样的形式经常出现，结构形式相对稳定，语用功能有特定的意义，就会被认为是一种语块结构形式。

Widdowson 认为，交际能力实际上就是语言使用者事先掌握了一些固定的语言结构、套语和语用规则，并能根据交际情境特点进行灵活调整的能力。Lewis 认为，语言不是通过学习单个语言结构学会的，而是通过对整体语言结构形式进行分析而学会的。在分析时可以整体使用短语、习语等固定式语言结构，没有必要进一步理解这些固定式语言结构的内部组成。

（二）语义上的约定性

传统语言学认为词汇有单词和短语两种形式，其中单词可以运用语法规则进行自由组合，是组成句子的基本单位，而短语是不能用语法规则解释的一种固定搭配，是不能进一步分解的、具有独立意义的语言单位。

研究表明，词汇的形式与意义是密切相关的，词汇在使用时存在类联接与搭配两种状态，类联接是对词汇和语法的兼顾，而搭配则是指当某些词汇被有规律地使用在一起时，搭配的形成不是基于一定的语法规则要求，而是长期以来人们使用习惯的不成文约定。

二、语块的分类

对于语块的分类，较有代表性的有三种：

（1）Nattinger 等从功能和结构角度将其分为四种形式：一是聚合词，功能类似于单个词汇的短语，其组合形式是固定不变的；二是惯常的表达形式，一般是组合形式比较固定的谚语、格言和社交场合常用的程式化语句；三是短语限制结构，是由一定的固定结构形成的短语框架，人们可以根据交际需要对框架中的词或词组进行相应的替换；四是句子构造成分，这类短语是为整个句子提供框架结构，可以根据想要表达的内容添加相应的短语形式。

（2）Lewis 从表达形式角度将其分为四种类型：一是多例词，是需要语言使用者熟练掌握的基本词汇；二是高频组合形式，是频繁出现的词汇搭配；三是固定表达形式，如 Goodnight，是约定俗成的表达方式；四是半固定表达形式，如 a year 这种语块分类方法涵盖了从完全固定表达形式到半固定表达形式的范围。

（3）Pawley 等从在篇章中所起的衔接功能角度将其分为四种形式：一是多词，可以像单词一样作为一个整体来看待，如 as well as；二是惯用表达式，如言语、警句、交际套语等；三是限制短语，是可以根据需要填充相应内容的短语，如 the more；四是句型框架，是一种句子框架，如 I think （that）。

综上分类方式，语块具有以下特征：

一是语块是一个约定俗成的语言结构，对语块的学习是以整体的语言结构形式进行习得，并以独立的语言单位进行储存，学习者无须进一步了解和分析语块的内在构成成分之间的语法结构规则和语义搭配关系，在使用时可直接提取和使用。

二是语块的内部结构形式灵活多样，包括了从固定搭配形式到半固定搭配形式的一系列连续变化的结构形式，语块的部分内容和内部结构成分可以根据不同的使用目的和使用环境随时进行替换，具有很强的生成性及灵活的创新空间，构成了语言不断发展的基础。

三是语块不是一成不变、毫无规律的，从传统意义上来理解，语块是词汇中的不可再分的语言单位，但在某些特定情况下也可以使用句法规则根据需要重新生成，也允许在原有知识结构的基础上进行扩充，语块内部可供语用变化的空间结构越来越大，为创造性使用词汇提供了空间。

三、语块的作用

（1）Lewis 认为，语言交际过程中主要依靠常用的词语搭配结构形式来进行有意义的表达，尤其是固定搭配和半固定搭配这两种形式，语言使用者无须理解语块的内部结构成分。当学习者进行语言交际活动并表达自己的看法时，他们可以从记忆中快速提取和使用存储在大脑中的语块，这极大减少了语言在大脑中的组合、装配和加工时间，加快了语言产出速度，有利于语言使用者快速提高语言使用的流利度和准确性。

（2）词汇是语言的基础，由于语块是较大的词汇构件，有时甚至可以是整个句子，作为一种完全预制或部分预制的语言结构，就像不可拆分的单词一样储存在大脑词库中。由于语块的意义是特定的语境下形成的，语块的构成成分受到语法结构和语义搭配的双重限制，所以比单独背词汇更容易记忆而且不容易遗忘，具有较高的准确性。

（3）Widdowson 认为，在教学过程中要将语言知识学习和交际能力培养有机地结合起来，语块结构既有固定搭配形式，也有半固定搭配形式，使用何种语块结构需要学习者对相关的语法规则和语用环境进行综合分析。尤其是对于半固定搭配形式的语块，需要语言使用者根据交际需要灵活使用其中可以改变的结构。所以语块教学融合了语法、语义和语境的优势，可以有效地平衡发展学习者的语法和语用的能力。

（4）初学者由于语言知识储备不足，交际时往往表现得不知所措，学习者为了应对交际压力，必须熟记一些公式化的套语和现成的口头话语，通过学习和掌握大量的语块，能够在短时间内迅速增加学习者语言知识的储备，这样学习者在进行语言交流时会更加顺畅和流利，也会极大地增强学习者的交际信心，因此对语块知识的掌握是语言交际活动顺利实施的重要途径和方式。

第六节　生态语言学教学理论

生态学属于生物学的一个分支，是把生物体与其生存环境之间的关系作为研究对象。生态学认为，生物体及其赖以生活、繁衍所需要的地理空间、物质能量、自然资源共同构成了一个完整的生态系统，系统中的所有要素之间都是相互依存、互为需要、相互影响的，在系统中都具有其独特的作用，对整个生态系统的有效运行都是不可或缺的。从 20 世纪 70 年代起，生态学的思想观点开始在相关学科领域得到了广泛应用，为相关学科研究提供了一个新的视角和方法，一批新的交叉学科和理论应运而生。

一、生态语言教学基础理论

（一）上位理论

1. 生态哲学

生态哲学运用生态学的观点重新认识自然环境与人类社会之间的关系、本质和普遍规律。生态哲学摒弃了基于具体学科、专业领域的传统研究模式，采取了跨学科研究方法，把科学研究方法运用到了现代人文社会科学的各个层次和领域，为自然学科和人文社会学科搭建了相互沟通的桥梁。

现代意义的生态哲学以人与自然的哲学关系为基本命题，以客观的、全面的、动态的、联系的观点从整体上来把握自然环境与人类社会的复杂关系，反对传统的非此即彼的二元对立的狭隘视域，改变了长期以来以人为中心的思维定式，倡导人与自然的相互融合、和谐共生和可持续发展。反映在教育教学领域上即摈弃了长期以来以教师为中心的教学发展模式，关注教师和学习者的双向协调发展。

2. 教育生态学

教育生态学是美国教育家 A. Lawrence 提出的概念，是生态学与教育学、社会学、心理学等学科融合发展而形成的交叉学科，以生态学的理论方法和研究视角研究教育现象，解决教育问题，探索教育规律，对教学过程中的复杂问题和矛盾给予了全新的诠释和解决方案。

教学生态学认为，教育是一个复杂的、多样的、有机的、动态的、整体的系统，应注重系统的整体意义，强调系统内各因子之间的有机联系和相互作用，并关注系统的动态发展趋势。

3. 生态语言学

生态语言学是由美国语言学家 E. Haugen 提出的概念，是由生态学与应用语言学相结合而逐渐形成的语言学分支。

对生态语言学的研究范围主要有两种理解路径，一是 Haugen 认为语言有自己的生态环境，语言的生态环境是语言发展的基本条件，生态语言学就是以研究语言的生态环境为切入点，同时关注语言生态环境对语言学习和运用的作用和影响；二是韩礼德认为人类社会是自然界的不可分割的重要组成部分，人类的产生、生存和发展依赖于自然环境的呵护，而语言是人类存在的重要条件和表现方式，也是人类影响自然环境的一个重要手段。

生态语言学有两个主要研究领域，一是研究影响了语言产生、发展以及演化的各种内在因素和生态环境，为了更好地适应和改造自然生态环境就必须及时调整语言系统的运行模式和语言的运用方式；二是对某一种语言的句式特点、话语样式、语篇结构进行了微观层面的剖析，以此来解读语言运用过程中的生态因素和特征。

（二）相邻学科理论

1. 横断理论

横断理论不是以客观世界中的某一种运动形式或某一种物质形态作为研究对象，而是以大量不同的运动形式或是以大量不同的物质形态在某些特定方面的共同点作为研究对象。横断理论包含了系统论、控制论、信息论、耗散结构理论、突变论、协同论等具体学科理论。下面以耗散结构理论在教学中的应用为例进行介绍。

耗散结构理论研究了复杂系统中的自组织运动规律，揭示了远离平衡态的开放系统从无序状态走向有序状态的机制和条件，认为系统只有在远离平衡的条件下，才有可能通过涨落或突变最终进入一个新的稳定有序状态。在某种程度上，教学系统可以理解为一种耗散结构。

其一，学习者是教学活动的主体，如果其思维处于高度的非平衡状态，学习者就会积极地发挥主观能动性，以极大的学习热情参与到教学过程中，就会获得良好的教学效果，同时学习者的认知结构也会随着教学问题的不断解决而进入更高的有序状态。

其二，开放性是保持系统稳定状态的前提和关键，通过与系统外部环境持续不断地进行对话、交流、渗透以保持动态平衡和稳步发展，因此必须大力拓展教学的时间和空间，不断开阔学习者视野，广泛获取大量有效信息，努力培养学习者积极主动的开放性思维能力。

其三，涨落可以理解为系统状态达到临界点时发生了突变，在平衡的系统结构中涨落是破坏平衡的消极因素，而在非平衡的系统结构中涨落是促成平衡状态的积极因素。涨落反映在教学过程中，一是教师引起的涨落。教师在教学中要创造条件有意识地引导和促进某个微小涨落在教学过程中不断放大乃至形成临界点的突变，促使教学水平上升到一个新的层次；二是学习者引起的涨落。在教学中要重视学习者的个体差异和个性特征，注重培养学习者的自主学习能力和创新思维能力；三是外界环境引起的涨落，要选择有利于培养学习者思想情感和认知能力的教学内容材料，内容材料要贴近实际、生动形象、富有新意。

2. 限制因子理论

德国化学家、教育家 J. Von Liebig 认为，当生态系统中某一生态因子超出了最低临界线和最大忍受限度之间的范围情况下，就成为一个能够制约有机体新陈代谢的限制因子。此后在教育生态学研究领域，学者们开始把限制因子的概念范畴从自然环境扩展到社会层面，在教育生态环境中所有的生态因子都可能成为限制因子，当某一生态因子超过其质的规定范围时就会起到限制作用，只是程度大小有所不同。

教师在日常教学中要善于研究影响学习者知识学习和认知能力发展的限制因

子，有针对性地制定课堂教学内容、教学任务和教学目标，准确把握课堂教学的进度和节奏，尽可能排除限制因子对课堂教学效果的影响。同时注意根据学习者的个性特点和学习需求，有的放矢，因材施教，进行分层次教学和个别化指导，充分挖掘学习者的潜能，最大限度地发挥学习者的主动性。

3. 花盆效应

花盆效应是一个心理学现象，也称为局部生境效应。具体来说，花盆是一个半人工、半自然的小生态环境，在人的精心培育下花盆中的花卉能够健康生长，但是如果没有这个人为创造出来的小生态环境，没有养花人的细心呵护，一些娇贵的花卉品种很难在自然环境中生存下去。

在教育教学这个生态系统中，陈旧落后的教学理念、狭隘封闭的教学环境、传统课堂教学对教材的依赖等，都极大地束缚了学习者的创新思维，削弱了学习者自主探究和自主学习的能力。基于花盆效应的启示，一是应当构建自由、开放、和谐的学习环境，鼓励学习者勇于向教师挑战、向课本挑战、向权威挑战，注重培养学习者的发散性思维和创造性思维能力；二是教学要与社会实践相结合，脱离了社会实践也就偏离了教学的目标和方向，不利于学习者健康人格的塑造和培养，要从课堂教学中走出来，从理论教学中走出来，使学习者能够有效应对瞬息万变的社会环境和现实生活，这也是全人教育的根本要求。

4. 生态链法则

课堂教学过程可以看作一个微观的生态系统，由教学目标、教学任务、教学内容、条件保障、教学环境、教学管理、质量评估、教学实践等一系列的教学环节共同构成了一个系统的完整的生态链条，各教学环节之间相互影响、互为条件、相互依存、循序递进，任何一个环节的问题都可能会导致整个生态链的断裂。教师应当以深厚的知识积累和理论素养，真挚的情感表达和高效教学引导、教育学习者，构建和谐、共生的师生关系和教学秩序，形成开放、主动、多元、平衡、动态的语言教学生态链，增强语言习得的内生动力，实现课堂教学的最优效果。

5. 共生效应

在自然界有一个十分独特的现象，当某一区域只有一株植物单独栽植时，往往长势较弱，生长缓慢甚至容易枯萎，而当把几株植物在同一区域中栽植时，往往长势较旺，表现得生机盎然。在语言教学生态系统中，教师与学习者共生共存，课堂教学是教师与学习者之间、学习者与学习者之间沟通信息、交流情感、合作学习的过程。教师从教学活动的控制者转变为参与者，把学习者看成是教学中平等的合作伙伴关系，充分发挥他们学习的积极性和主动性，培养学习者的自主学习能力和创造性思维能力，使学习者能够主动参与教学过程，与教师和其他学习者合作共享，实现教与学的良性互动、和谐统一、均衡发展、共同提高。

二、生态语言教学观

生态语言教学观是将生态学理论与社会文化理论相结合而形成的理论观点，全面研究语言学习中教师、学习者、教学环境之间的相互作用，引入突现理论对语言学习从整体上进行把握和认识，把语言学习者与语言学习环境有机联系起来，同时把语言学习过程理解成具有多维时空的流变性，从而对语言教学与研究进行更全面的诠释。

（1）20 世纪初，哲学思想形成了英国突现主义学派；20 世纪末随着认知理论、复杂性理论、计算机技术的迅速发展，人们开始从学科交叉的角度从不同侧面展开对突现问题的研究，形成了不同的理论学派，系统具有整体性、层次性是突现理论的核心观点。20 世纪 80 年代，厄尔曼等学者提出语言学习突现论，语言学应用研究开始引入突现理论。生态语言教学观认为，语言学习是由语言的多重影响因素在不同层级上突现的动态复杂过程，语言能力也是在语言教学这一整体框架下学习者、教师、教学环境之间相互作用的过程中突现形成的。

（2）生态语言教学观认为，语言的流变性是指语言具有三种状态：一是稳定状态，是指语言流变过程中在某一特定的时空范围内处于动态平衡和稳定状态；二是发散性变化状态，是指语言流变过程中的运动变化状态和不平衡状态；三是周期性变化状态，是指语言流变过程中的轨迹是有规律可循的，呈现周期性运动状态。

语言多维时空流变性的主要观点是，语言学习的过程是语言教学生态环境产生流变的过程，也是学者成长经历的过程，更是学习者母语学习经验正迁移到二语习得的过程。语言习得可以理解为语言教学生态环境中的时间、空间因素相互影响、交织、作用的多维的、立体的、动态的流变过程。

(3) 生态语言教学观认为，语言的符担性是指生态语言学习者与环境的关系。认为语言与使用该语言的人和社会文化具有生态的相关性，运用到教学评价领域时就是需要将评价者、评价内容、评价目的以及评价结果进行综合考虑。具体来说，一是评价者包括教师、教学主管部门、学习者、学习者家长等利益相关方，评价是他们共同协商的结果；二是评价内容包括书面测试、人机测验、课堂学习记录、课后教学实践等各教学环节；三是评价所取得的评价结果可以从教师、学习者、教学主管部门的角度分别予以阐释和运用。

三、生态语言教学模式

教学是语言生态中的一个完整的、微观的生态系统。教师在教学活动中要注意创设良好的生态环境，处理好教师、学习者、教学环境、教学评价等教学要素之间的相互作用和影响。

(一) 教师要素

教师的角色主要体现为课堂教学的规划者、教学材料的开发者、教学活动的供给者、教学过程中的示范者、学习者知识发展的协助者、教学成果的评估者。教师应当根据人才培养需求，准确理解和把握语言学、应用语言学、教育生态学等相关理论知识，将这些基础理论对于教学的影响方式和路径进行系统归纳，针对英语类专业的不同专业特点、不同年级水平、不同专业方向的教学大纲规定和教学任务要求，制定出符合学习者需求的个性化教学方法。生态语言教学模式具有开放性和包容性，凡是有利于促进学者知识学习和全面发展的教学理论、教学模式和教学方法均可纳入其中，教师的主要任务就是在教学过程中以不同的视角对不同的教学方法进行综合分析和交叉运用，并可以在不同的语言文化情境下进行角色的自由转换和综合运用。

(二) 学习者要素

教育的对象是人，学习者的生理、心理状态是决定教育效果的内在因素。教育要以生态语言教学的理论和方法为出发点，以促进学习者的全面发展为根本任务，重视对学习者生理、心理特点和规律开展个别化、系统性研究，形成适应每个学习者实际需求的教学策略。

语言的时空流变性决定了生态语言教学模式的动态性。学习者通常是将之前的母语学习经验和模式迁移到当前的二语学习过程中，并在已有认知结构和思维方式的基础上，在二语学习过程中积极建构新的语言学习图式，并不断地对自身已形成的语言学习图式进行调整和优化，这是一个与时俱进的动态过程。因此，教师在教学过程中要注意从不同的视角来观察学习者以往语言学习经历对教学效果的影响程度，把自己的教学要求充分体现在学习者语言学习图式的动态发展过程中，如在英语教学中进行英语语言与汉语语言的对比，研究中国传统文化对英语教学理论的影响等。

（三）教学环境要素

英语生态教学模式构建过程中的语言教学环境主要包括社会文化环境、学校生态环境和课堂生态环境三个层面：

1. 社会文化环境

教育是人类社会这个大系统中的一个子系统，某一地域的社会文化环境总是对教育活动施加各种影响，如为教育活动提供经济的、技术的和制度的保障，而反过来通过向社会输送经济建设急需的各种应用型人才，教育活动能有效地推动社会的发展进步。

大学是社会的重要组成部分，但是大学不同于企业、银行、社团等其他社会构成，大学的功能在于引导社会发展，提升社会品质，这是大学存在于社会的意义。但是它的功能发挥不是急功近利的短期行为，而是通过培养社会需要的杰出人才的方式来保证社会健康发展的方向。

2. 学校环境

高校是新思想、新文化、新知识的引领者和发源地，是培养适应社会需要的建设者，倡导全人教育，教师不仅要向学习者讲授具体的学科专业知识，还要讲授关于人类文化素养的通识课程知识，并在教学过程中充分发展学习者的独立思考和判断的能力。

学校是进行系统化教育的专门场所，学校环境包含着丰富的生态因素。学校的各种建筑物、景观设计通常承载了特别的象征意义和倡导的精神理念，学校的软硬件配置水平反映了学校教育教学质量的保障能力，学校整体浓郁的学习氛围和催人向上的良好校风在很大程度上影响和激励了学习者奋发读书，有利于学习者综合素质的提升。

3. 课堂环境

对教师而言，作为课堂生态系统的生产者，教师把教学任务分解为各个单元的教学内容，并根据每个学习者的能力水平进行有针对性的加工处理以符合学习者的需求；教师通过设定真实的教学情境、提供丰富的教学资源、采取灵活的教学方法讲授教学内容，使之内化为学习者的认知结构。作为消费者，教师需要及时收集教学反馈信息，对教学过程进行不断反思，促进教师的自我发展和教学学术能力的提高。

对学习者而言，作为课堂生态系统的消费者，学习者从教师提供的教学素材、课堂讲解、课后辅导中汲取知识、培养技能；而作为课堂生态系统的分解者，学习者会在已有认知结构的基础上对学习内容进行感知、理解、消化和吸收，完成知识的建构，使之内化为认知结构的一部分。

（四）教学评价

生态教学模式强调英语教学评价过程本质上应该是一种基于教师、学习者和其他利益各方之间广泛、充分、动态的协商而形成的心理构建过程，坚持评价过程的价值多元性，认识到学习者不仅是教学评价的参与者更是评价的主体，强调将评价主体、评价内容、评价结果进行综合考虑。

（1）从评价的形式来看，评价内容既包括结果性书面测试内容，如试卷答题测试、人机随机测试等，也包括过程性评价内容，如课堂学习情况记录、课外学习实践等，是一个多维度信息的融合。

（2）从教师的角度来看，评价结果可以作为教师进行教学任务设计和教学活动实施的参照；从学习者角度来看，评价结果也为学习者提供了全面及时的反馈信息，有利于学习者更准确地了解自己的多元智力结构类型和偏向，并及时了解自己的学习进程和学习状态，从而激发学习者的学习动机和热情。

（3）生态教学模式强调对形成性评价和终结性评价的机制与方法进行有效整合和综合运用，认为教学评价是一个动态的、往复的、持续的过程，每一次评价都是在前一次评价的基础上进一步优化评价结构质量的过程。

（4）教师和学习者都是教学生态中不可或缺的构成要素，教师在对学习者进行评价的同时也要强调教师对教学过程的反思和剖析，做到不仅能够了解学习者对知识的掌握程度，而且能够发现教学过程中的共性问题和学习者的真实需要，从而主动调整教学策略，改进教学方法，丰富教学手段，促进专业能力提高。

（五）各要素之间的关系

一个完整的生态系统包含了一系列的生态因子，这些生态因子功能多样、形态各异，它们相互联系、相互作用、相互影响，共同组成了一个复杂的、多维的、动态的、平衡的生态系统。生态因子可以划分为主导因子、伴随因子、调配因子和限制因子等类型。

学习者是英语教学生态系统的核心要素，充分体现了以学习者为中心的教育教学理念，也可以理解为是教学生态系统的主导因子。而教师、教学环境也是教学生态系统中的关键要素，学习者与教师之间、学习者与教学环境之间的关系对于维护教学生态系统的稳定同样十分重要。一方面，教师在教学过程中既是讲授者也是学习者，作为讲授者，教师的教学水平对于学习者来讲起到了直接的、决定性的作用；而作为学习者，教师要根据学习者学习效果的反馈不断反思、提高和发展向己的教学专业能力。另一方面，对学习者来讲要根据自身学习需求主动建构有利于语言学习的真实、自然，且符合目的语言社会文化特点的教学环境，而教学环境中的英语语言义化传统对学习者有潜移默化的感染力，会增强学习者学习的内生动力。

第七节　输入输出大学英语教学理论研究

英语教学离不开语言的输入和输出，输入输出理论最初是从研究语言输入开始的。本节在论述英语教学输入输出理论及其发展过程的基础上，分析了输入输出研究的整合发展趋势，并以英语写作为例介绍了我国大学英语教学的输入输出整合研究现状，认为基于任务的输入输出整合教学模式将会在未来英语教学中发挥重要作用。

一、输入输出理论及其发表过程

（一）关于输入的研究

1967 年，Corder 在语言习得研究中提出了“输入”这一概念。Ellis（1990）指出，所有二语习得理论都认可输入的重要性。Gass（1997）也认为：没有输入就无法习得语言。正因为输入的重要性，二语习得领域一直以来都致力于对“输入”的研究，如 Wanger Gough & Hatch（1975）、Seliger（1977）、Fillmore（1982）等都对输入与二语习得的关系进行了论证。在众多关于“输入”的理论中，影响最大的是 20 世纪 70 年代末美国加州大学 Krashen（1985）教授提出的语言输入假说理论。该理论由习得/学得假说、自然顺序假说、监控假说、输入假说和情感过滤假说五个系列构成。这五个假说不仅各自独立作用，而且彼此关联、共同作用，影响语码的吸收，其中输入假说是该理论的核心，它和情感过滤假说关系密切。

输入假说认为，人们习得语言的唯一方式是接受大量的可理解的输入。语言习得者只有接触到“可理解的语言输入”，即略高于其现有语言技能水平的第二语言输入，而他又能把注意力集中于对意义或信息的理解而不是对形式的理解时，才能产生习得。Krashen 把学习者现有的第二语言水平定为“i”，把学习者将要达到的更高一级的语言水平称为“i＋1”，“i”和“i＋1”之间的差距是学习者学习的动力所在。语言输入材料的难度应该是稍高于学习者现有的水平“i

+1”，学习者为了弄懂新输入的语言材料，会求助于以前的知识经验或利用语境、上下文等进行判断，这样寓于交际语言中的句子结构和语法规则就自然学会了。同时，他认为语言的习得是学习者对语言输入理解的结果，学习者只要有足够的听力理解和阅读理解练习就能够掌握语言，教师不需要强迫学生用英语表达。表达能力不是教出来的，随着时间的推移，当学习者的可理解性输入达到一定的量，自然而然就能获得熟练的说和写的能力。他认为，当学习者获得大量可理解输入且处于低情感过滤状态时，能够获得比较好的学习效果。

Krashen 的语言输入假说理论在全球引起了巨大反响，Ellis（1986）认为它可能是现有的最全面、最可接受的一种理论。我国也有大量学者或教育工作者（吴丁娥，1990；荆增林，1991；徐海铭，1998；刘平，2001；雷卿，2002；苏静，2002；孙艳和王大伟，2003；陈晓，2004；潘敏，2007）撰文肯定或用“可理解输入”指导教育实践。

（二）关于输出的研究

Krashen 的输入假设在语言习得中的作用是值得肯定的，但同时也引起了一些争议。Mclaughlin（1987）认为该假说过于强调输入，而忽视了学习者内在因素和输出的作用。Long（1983a，1983b，1996）在肯定可理解输入在语言习得中重要性的同时，强调了“意义协商”（指交际双方为了明白对方或者为了让对方明白而进行的意义上的协商）对语言习得的促进作用。Swain（1985）指出：二语习得过程中输出的作用是输入无法替代的。仅有输入不足以发展学习者的中介语能力，学习者需要使用自己的语言（输出）来获得完整的语法运用能力。Harmer（1994）也指出，课堂活动应使输入和输出平衡。蒋祖康（1996）认为学习者如果只接受语言输入，不通过实践运用便不能保证对语言做出正确的假设，即使有大量的输入，大部分学习者最终无法习得目标语。王大伟等（2002）认为，输入即使能解决说、写的流畅性，也未必能解决说、写的准确性。在这些研究成果中，以 Swain（1985，1995）的“语言输出假设”最为突出，该假设认为输出有三个功能，即注意/触发功能、检验假设功能和元语言功能。Swain and Lapkin（1995）根据大量的实验结果，建立了如下语言输出和二语学习模式。

近年来，国外出现的一些实证研究已证实输出在二语习得中的积极作用。比如促进流利作用、假设检验作用、元语言作用、引起注意作用。我国语言学界也展开了对输出作用的讨论，并进行了一些实证研究。此外，文秋芳提出了“输出驱动假设”，建议英语专业进行课程设置改革，增设口译、笔译课程，加大输出课程的比例。这些都说明二语习得领域已经充分肯定了输出的作用。

（三）输入输出整合趋势

在输出理论发展过程中，输入输出研究出现整合趋势。Harmer（1994）主张，应该在教学中提倡输入—输出并举的平衡活动法。我国很多学者和教育工作者也把输入和输出理论结合起来指导教育工作，并在 Krashen 和 Swain 的理论基础上加上了一些建议。在这些研究成果中，Gass 的成果最为突出，于 1988 年提出了一个包括习得各构成环节的输入输出整合理论框架，该理论构架在 1997 年得到阐释，并于 2001 年再次得到全面补充。她认为，从语码输入到语码输出，要经历五个不同的阶段：感知输入阶段、理解输入阶段、吸收阶段、整合阶段和输出阶段。①

输入输出研究之所以出现整合趋势，根本原因在于输入与输出之间不可分割的联系。输入是输出的基础，输出对输入有促进作用，两者互相联系，相互影响，贯穿在英语教学的全过程中。

二、我国大学英语教学的输入输出整合

自从我国引入输入、输出理论以来，在大学英语教学领域国内出现了一定程度的输入输出理论整合的研究，这些研究主要集中在写作教学等方面。邓满姣在探讨了输入、输出假设及其相互关系的基础上，对大学英语写作教学提出了一些建议。李红通过研究输入、输出的关系，认为可以“融口语教学和写作教学于一体”。刘靖通过对输入和输出假设的研究，认为“以读、背促写，以写促学”是解决写作教学中存在问题的一种有效途径。邓冬铁和吴珊（2008）在语言输入输出理论的基础上，探讨了它对于大学英语写作教学的启发。曹忠芹（2008）运用定量与定性分析方法，探讨了阅读和写作相结合的教学模式对提高学生写作水平

① 韩楠. 大学英语教学体系构建与创新性研究［M］. 长春：吉林大学出版社，2020.

的作用。综合这些研究可知，我国对输入输出整合理论研究较少，特别在英语写作教学方面，更是少之又少。虽有部分教育工作者提出写作教学中要输入输出并重，但是目前缺乏相应的实证研究，也没有提出能使输入输出有效融合的方法。

随着中国教育改革的深入，输入输出相结合的理论将会得到更深入研究，以教师为中心的教学模式将逐步向以学生为中心的教学模式过渡。任务作为一种意义性、情景性和互动性较强的教学活动，能为学习者提供更多输入和输出机会，是整合输入输出的有效手段。在以后的英语教学中，基于任务的输入输出整合教学模式将会发挥重要作用，对激发学生英语写作主动性和积极性、提高英语写作学教学质量具有促进作用。

三、基于任务的输入输出整合模式研究

从前面章节的分析已经了解，输入和输出对语言习得都同等重要。就语言习得的目标而言，输入是语言习得的起点，输出是目的和终点；对语言习得的过程而言，输入和输出都执行了重要的功能，两者对成功的二语习得都是必不可少的，缺少了输入或者输出，都会导致语言习得的失败。正如前面章节所提到的，毫无疑问，我们应该在二语习得的过程中把二者结合起来。因此，如何有效地将二语习得过程中的输入和输出结合起来，是困扰广大研究者的一个难题，值得认真思考。

从输入到输出，中间缺少的是一个载体，或者说媒介。研究者需要一种媒介，为输入、输出的产生创造有利条件。“任务”似乎具有良好的特性，可以适当地扮演这个媒介，为输入和输出创造兼容的条件。为了说明运用任务整合输入输出的可行性，首先应该了解任务的一些特点。

（一）运用任务的教学特点

玩游戏、解决问题、分享信息等，都可以看作是任务。在教学中运用任务旨在为学习者提供机会，使他们能够为有意义的目的而真正实际地使用语言。学习者通过执行一定任务来进行表达、协商、交流、讨论等，从而获得知识和习得语言。任务型教学具有一些共同的特点，Nunan（1991）总结了以下五点：

（1）强调通过目标语言的互动来学习交流。

（2）将真实的文本引入学习情境。

（3）为学习者提供机会，不仅关注语言，而且关注学习过程本身。

（4）强调学习者的个人体验是课堂学习的重要组成部分。

（5）尝试将课堂语言学习与课堂外的语言激活联系起来。

从 Nunan 总结的任务特点可以看出，在教学中运用任务可能对学生的学习产生以下影响：

（1）引入真实的文本，并涉及学习者的经验，可以激发学习者的兴趣。

（2）强调目的语言交际可以促进学习者跨语言交际能力的发展。

（3）将课堂语言学习与课堂外的语言激活联系起来，可以拓宽学习者的学习空间，为学习者提供更多吸收其他知识的机会。

（二）英语教学中运用任务输入输出整合的可行性

1. 建构主义视角下的分析

现代心理学强调语言学习中的主动学习过程。建构主义是起源于 Piaget、Vygotsky 等心理学家的理论观点，在该理论的框架中，知识是由学习者主动建构的，而不是被动地从环境中接受的。因此，学习是学习者从自身经验、先前所获知识及与他人合作过程中积极构建新知识，并自我调节的过程。

没有学习者自己的参与，学习从来不会发生，但学习也从来不是孤立地进行的。教师必须注意学习环境的重要性，只有为学习者提供构建自己知识体系的学习环境，才能促进学习者语言能力的发展。

从任务的定义和特点可以看出，任务可以为学习者提供一个通过与他人互动来建构知识的环境，是教师与学习者、学习者与学习者、输入与输出的纽带。

2. 输入与任务的关系

正如克拉申（1985）在他的假设中所指出的，接触足够多的可理解性输入是人类习得语言的唯一方式。他提出最优的语言输入材料有以下四个特征：

（1）输入应是可理解的。如果习得者不理解该信息，则不会发生任何习得。

（2）输入应该是有趣和相关的。最佳输入使学习者把注意力集中在信息上而不是语言形式上。有趣和相关的输入甚至会让学习者忘记信息是用外语编码的。

（3）输入不应按语法顺序排列。非顺序但自然的输入将提供丰富的语言结构。

（4）最优输入应该是数量充足的。克拉申认为输入分为粗调输入和精调输入。前者是指涵盖了学习者当前语言水平“i”和下一个水平“i+1”的输入，这些输入能刺激学习者习得新的语言知识。后者是指根据学习者当前的能力水平，使学习者专注于语言形式的简化输入。这两种输入都有助于二语习得，因此应提供足够多的输入，使习得者充分接触这些语言。

在语言教学中，任务的运用为提供最优化输入创造了理想条件。首先，它提供了充分的输入。这些输入部分来源于教师调整后的语言，部分来源于师生间的互动，部分来源于学生间的互动。在执行任务、语言协商的过程中，语言吸收也能得以实现。其次，角色扮演、讨论、问题解决等教学任务为学习创造了真实语境，使学习者能体验自然的语言环境和语言材料。最后，任务具有趣味性，它关乎学习者的个人经历或日常生活，可以调节学习氛围，激发学习者的学习兴趣和动机。

3. 输出与任务的关系

正如Swain（1985，1995）所指出的，输出是语言学习成功的必要条件，输出对语言学习者至关重要。任务为交流创造了条件，为学习者创造了语言交流的需要。学习者执行任务时因需要不断与对方核对信息、澄清请求、确认理解等，从而促使学习者不断地输出语言与对方进行意义协商。

此外，任务型课堂通过提供丰富的结对或小组活动的机会，创造了一个增强学习者自信心、降低学习者情感焦虑的环境。无论胆大的学生还是胆小的学生，在这样的合作氛围中，都能不受约束地自由表达。

综上所述，任务在教学中具有以下功能：

（1）创造条件，让学习者通过认知努力构建自己的知识。

（2）为学习者提供丰富的、可理解的真实语言输入。

（3）为学习者提供充足的机会来输出语言，并对自己的语言假说进行实践和检验。

（4）创造一个激发学习者兴趣的环境。

上述分析表明，在语言教学中任务为整合输入和输出提供了有利条件。学习者接受任务后，在任务执行之初就产生了沟通需求，即产生了输出需求。学习者以寻求帮助、合作或参考学习材料的形式，与教师、同学或学习材料进行交流，因此获得了大量的输入。执行任务的过程实际就是把听、读、写和说（输出）相结合的过程。在输入中，有些通过大脑的处理活动被吸收和整合，然后利用输入通过学习者的口语或写作转化为输出。通过任务的执行，使学习者沉浸在大量的输入中，并在一个和谐的环境中进行输出，有助于激发学习者的兴趣，帮助他们积极地构建知识，从而获得更好的学习效果。因此，适当的任务有利于提高学习效果，有利于输入输出整合的实施。

（三）基于任务的输入输出整合模式的构建

根据笔者前期的研究成果，建立了基于任务的输入输出组合模式。

在任务被分配后就产生交流的需要，也就是说，产生了输出的需要。学习者以寻求帮助、合作或查阅学习材料等形式，与教师、同学或学习材料进行交流。学习者在与教师、同学或学习材料的互动过程中接收大量的投入，产生大量输出。从这个角度来看，执行任务的过程实际上就是整合听、读（输入）和写、说（输出）的过程。

这些输入，有的会通过大脑的加工活动被吸收，然后以说或写（输出）的方式转化为输出。

当学习者输出语言时，学习者的输出实际上也是其他学习者的输入。学习者的输出可能是成功的，能被其他人理解；也可能是失败的，无法被他人理解。如果学习者产生了一个成功的输出，并且输出中的语言假设得到了确认，那么确认了的知识将被吸收到他们大脑的知识库中。如果学习者产生的输出不可理解，他们可能会注意到在想表达什么和能表达什么之间存在着差异。因此，学习者可能会试图在自己现有的知识库中寻求解决方案，以便缩小这个差距。如果学习者能够找到解决办法，那么这能促进其对知识的吸收。如果学习者在自己的知识库中找不到解决方案，则会求助于教师、同学或其他材料，以便从教师或同学那里得到有用的反馈来帮助自己解决问题，这也有助于培养学习者的语言能力。

学习者在输出语言时通常会根据教师和同学的反馈来检验他们的语言假设。如果反馈是正面的，则会帮助学习者确认并进一步吸收他们的假设；如果反馈是负面的，则有助于纠正学习者的假设，并通过向教师、同学、学习材料寻求帮助将注意力放到其他更多更好的假设上。在教师、同学和学习材料反馈给他的这些输入中，有一部分是可以理解的，属于他们的认知水平范围，将被学习者接受和吸收，从而有助于他们中介语的发展与更好的输出。

第三章　二语习得理论与应用

第一节　中介语理论与高校英语教学

中介语理论是在认知心理学理论基础上发展起来的语言学理论，是外语习得研究的热门话题之一，也是目前我国大学外语教学中进行解释和分析大学生英语学习过程中语言及语用偏误的理论基础。中介语理论对高校外语教学具有极强的指导意义。

一、中介语理论概述

中介语又称过渡语、特质方言、近似系统。是指在第二语言习得过程中，学习者通过一定的学习策略，在目的语输入的基础上形成的一种既不同于第一语言也不同于目的语，并随着语言学习的进展向目的语逐渐过渡的动态语言系统。

中介语理论是美国语言学家塞林克在 1969 年提出的。中介语理论重点关注第二语言学习中的几个问题：

（1）建构中介语的认知过程。

（2）中介语知识系统的性质。

二、中介语理论在高校英语写作教学中的应用

（一）中介语理论在大学英语写作教学中的应用

大学英语写作教学是英语教学的一个重要内容。英语写作能力的提高不仅需

要语言基础知识的积累，而且需要从写作技巧方面进行锻炼，使学生提高灵活运用英语语言的能力。下面对中介语理论在英语写作教学中的应用进行具体分析。

1. 母语迁移型

在英语教学中，语言的学习可以分为两种迁移类型，一种是正迁移，一种是负迁移。所谓正迁移是可以促进语言学习的迁移，负迁移是对语言学习形成阻碍的迁移。在语言迁移中，负迁移对语言学习的影响较大，很多学生受负迁移的影响，不能正确理解英语语言的含义，导致一些语言偏误的产生。例如，在负迁移的影响下，中介语中会形成一些假被动句式。对汉语来说，注重的是语篇含义；而对英语来说，注重的则是句法语言。因此，英语中就需要按照严格的语法规则组成句子。假被动句式出现的原因是学习者在学习过程中受到了母语的影响，因为汉语句子注重词序，汉语中的述题和结构对英语学习者造成了一定的负迁移，句法受到的影响达到一定的程度后就会形成中介语形式。英语学习者在写作时就会出现这样的现象：（1）The luggage should keep inside.（2）The carrot can eat. 这种句子就是假被动句式，翻译过来的意思是：（1）行李应放在里面。（2）胡萝卜能吃。这是按照汉语的句子方式写出来的。因此，这种句式的写作并不是真正的被动句式，而是受汉语结构的影响形成的假被动句式，是不符合英语语法规则的。

2. 训练迁移型

训练迁移主要发生在两种情况中：第一种是英语教师本身的语言不够地道，学生在学习之后就会产生一些不正确的理解；第二种是教师使用的教学材料不够规范，里面的一些用法不当，学生也会出现理解的偏差。训练迁移型产生的误解主要发生在英语初学者身上。初学者因为刚接触英语，对英语中的一些用法和语法不够了解，对教学中学到的知识囫囵吞枣地吸收，因而无法产生自己的判断。这种偏误在所有因素引起的语言偏误中只占约五分之一，但是训练迁移型产生的偏误也不能忽略不计。在初学者的英语写作中，有些学生对 he 和 she 的用法没有区分。引起这种现象的原因可能是初学者对 he 和 she 的练习较少。只要练习达到一定程度，英语中的初级单词就可以被很好地区分出来。

3. 目标语规则的过度归纳

过度归纳指的是英语学习者在学习了一些基本的语言规则之后，对使用的范围没有很正确的认识，在有些不适合用这些规则的地方使用可这些语法规则。例如，man 的复数形式是 men，但是有些初学者误以为所有的附属形式只要在单词末尾 + s 就可以了，这就是对目标语规则的过度归纳。有些学者对引起过度归纳的原因进行了分析，总结的原因就是学生学习的语言规则没有明确的范围意识。有的研究者将过度归纳看成是语言误差的原因之一，尤其表现在对名词的单复数变化和不规则动词的形式变化上。学生在学习中产生的过度归纳可以分为三种类型：第一种是用词过度归纳，学生对词语进行形式变化时，对规则的使用范围认识不清，例如 greenize（绿起来）、oldlize（老年化）等，这些都是根据形容词末尾 + ize 的过度归纳；第二种是句法过度归纳，学生在学习英语不够深入的时候，对一些在表层相似的句子结构进行归纳，应用到一些英语不存在的结构中，尤其在动词 + 不定式中使用较多；第三种是语义的过度归纳，这种归纳主要是由于对单词的意义理解有误产生的，认为相似的词性都可以进行一些变化，例如很多英语单词中的一些形容词是使用名词变 y 为 i + cal 构成形容词，但并不是所有的名词都适合使用这种变化，例如，economical 就不是 economy 的形容词变化形式。

4. 语言交际策略

对语言策略来说，可以分为两个类型，其一是成就策略，其二是缩减策略。其中，成就策略还可以分为更细的四个类型，即拖延策略、外语转述策略、求助策略和副语言策略。一些语言学习者在与其学习的目的语的母语使用者进行交流时，能发现自己语言中的一些错误，尽管如此，这些词语还是能被母语使用者所理解，这就会给语言学习者造成一种错觉，语言学习并不需要严格按照正确的规则。因此，一些语言学习者就会觉得中介语的正确性并不重要。但是这种想法是错误的，长时间使用错误的语言就会形成习惯，不好纠正，而且学习者会失去对正确语言学习的端正态度，不利于学习正确的语言。在正式文件和官方对话中，正确的语言是十分重要的，因此，英语学习者也需要严格按照正确的语法规则进行学习，并且对语言中的一些偏误及时纠正。在英语写作中，英语书面语写作是有一定要求的，要求学生的用语要标准、正确，如果学生在英语写作中用词不地道，那写出来的文章也就不能称之为好文章了。

5. 二语习得的策略

在二语习得的过程中，对语言学习策略的使用也是非常必要的。教师在教学过程中，使用一些适合学生的教学策略，可以帮助学生较快地理解语言，形成正确的语言认知，对提高学生的语言学习效果大有帮助。如果不能正确使用二语习得的策略，也会产生非常不好的后果，例如，会导致中介语石化现象的出现。在英语写作中，一些初学者使用的句式结构十分简单，并且使用的单词也十分单调。大部分初学者在英语写作中使用的是简单的陈述句，很少有学生使用从句结构。造成这种现象的原因是，从句句式比较复杂，初学者对句子中的成分很难分辨清楚，更别说在英语写作中使用从句句式了。对语言初学者来说，为了降低写作难度，大部分人会避免使用从句，而是使用较为简单的陈述句。虽然这样做没什么错误，但是却会使整篇写作结构松散，逻辑关系不强，很难出彩。

（二）中介语分析对大学英语写作教学的启示

通过对学生在英语写作中出现的一些错误进行分析，我们可以发现这些错误都是可以避免的。大部分错误都是中介语的输出错误，因此只要在英语学习中，对中介语进行正确的运用，就可以减少这些错误的发生。学习中介语一定要摆正心态，端正态度，当语言基础不好却有积极的语言输出表现时，就会出现中介语使用错误的现象。但是，在学习中介语时，学生的学习是动态的，具有一定的渗透性和规律性。中介语的使用可以看作是学生英语学习水平的一个重要标志。在英语学习中，我们应该认识到，中介语是学生向目的语过度的一个表现，只要加以正确的引导，学生可以很快地达到使用目的语的熟练程度。

对英语学习中出现的中介语现象，我们对其的包容并不代表放任。在英语学习中，大部分学生都会经历中介语的过程，但是这个过程可以通过教学来缩短。因此，英语教学可以帮助学生及时认识到学习中出现的错误和困难，并且可以使学生避免出现中介语石化的现象。这些都可以通过英语教学进行改善，从而使英语学习更快地向目标语靠近。为了缩短中介语的过程，教师在教学中可以对母语与目标语的语言差异进行分析，使学生意识到二者之间的异同点，从而可以使学生在学习目标语的过程中能进行自我监控，一旦发现中介语的使用就可以进行自我调节，从而更快地学习目标语。

总之，在英语教学中，教师可以根据学习者的具体情况，为学生制订度过中介语阶段的计划，使学生在英语学习中取得更好的效果。在教学中，教师应该对学生在英语写作中出现的中介语进行归纳总结，将学生在识别偏误、描述偏误以及解释偏误中出现的中介语现象进行讲解，使学生充分认识英语句子的结构和成分，并且还应该让学生对学习的英语基础知识进行巩固，做到正确使用词汇，严格遵守语法规则，这样才能使其英语写作的水平得到提高。

三、中介语理论与高校英语教师专业素质建构

（一）中介语与教师教学素质发展的关系

1. 中介语及语言发展能力的重要性

中介语理论被提出之后，语言学界的研究者对其非常重视，很多学者研究了中介语的一系列问题，并提出了一些行之有效的解决方法。经过多年的研究，中介语的研究逐渐与外语教学结合起来，从而为外语教学提供了新的研究角度。中介语并不是语言学习中遇到的不可更改的错误，在二语习得过程中，教师应该正确看待学生的中介语使用现象，这是一个学习目标语必经的过程，只要教师及时指导，学生正确认识，就可以更快地度过中介语阶段。

2. 中介语理论研究与英语教师教学素质构建的联系

中介语理论探讨了二语习得的规律，对这些规律进行研究，可以很好地帮助教师教学和学生学习。在中介语理论未提出之前，教师对学生在外语学习中犯的错误避之不及，教师十分介意学生的语言错误；但是在中介语理论提出之后，这种现象就改善了很多，教师不再认为学生出现的语言错误是洪水猛兽，开始正确看待学生在外语学习中出现的一些错误。中介语理论对学习者在语言学习中出现的一些错误进行定性分析，认为有些错误是一个必经的过程，这是语言过渡阶段的正常现象，只要学生在目标语学习过程中及时纠正这些中介语，就可以很快地学好目标语。那么，随着目标语水平的不断提高，一些中介语现象自然而然也就会消除了。中介语理论对英语教师的教学具有很大的支持作用，教师对学生在语言学习中出现的中介语现象不再恐慌，而是从容应对。当学生出现语言、语法、发音等问题之后，教师也能更理性地看待这些现象，这对提升教师的英语教学素养具有很大的帮助。

（二）中介语理论对英语教师教学素质构建的一些启示

1. 正确看待学生在外语（英语）学习过程中的语言错误

中介语理论给学习者的外语学习提供了更大的空间。学习者在学习一门外语时，从母语到熟练使用目标语，中间会经过一个中介语过程。这个过程就是从开始的很多错误到慢慢减少错误，最终不犯错误的动态变化过程。中介语理论使教师在外语教学中找到了一个过渡的支撑，可以从理性和积极的角度来看待学生在外语学习中出现的错误。外语学习从零基础到熟练使用的过程中会出现一系列错误，教师不必着急，学生也不必恐慌，只要按部就班地学习语言，错误会越来越少，语言学习会越来越得心应手。学习者在学习外语的过程中，需要重新建构一个新的语言系统，在新语言系统构建的过程中，学习者需要不断地摸索前进，毕竟每个人的学习能力是不同的，在语言学习方面的天赋也有差异。只要学生逐渐向目标语靠近，并且能不断减少语言错误，就是一个正确的学习方式，最终仍然会构建一个完善的新语言系统。所以，教师在英语教学过程中，对学生的错误不应该严词厉色，而是应给予宽容的态度，这样也会提高学生学习英语的信心。

2. 合理掌控学生对中介语的使用，以增强学生学习语言的自信心，促进教学效果

在英语学习中，教师为了尽快使学生度过中介语阶段，可以使学生多参与目标语的交际，让学生在实际运用中，发现自己的语言错误和缺陷。这样能使学生在中介语石化之前就改正错误，对其学习目标语产生很大的助力。学习者除了要学习英语基础知识之外，还要积极使用英语进行交流，这对提高其英语交际能力、开阔其语言眼界、增强其英语学习的信心十分重要。学生可以在主动求知的过程中自我判断、自我矫正语言学习中出现的错误，使自己更快地度过中介语高原期。

3. 对学生的语言做出正确的评价，鼓励学生进行交流并给予合理的反馈

在英语学习中，有非常关键的两个因素：一个是积累足够的英语基础知识，另一个是学习者的情感因素。这两者对学习者学习英语有很大的影响。对英语语言基础知识的学习来说，学生并不是仅仅记住就可以了，而是需要对这些基础知识有深刻的理解，从而使英语学习者具有扎实的基础知识素养。另外，教师在教

学中还要注重语言习得的规律，对学生在英语学习中取得的进步及时给予表扬和奖励，使学生形成学习英语的积极态度，这样能确保学生平稳地渡过中介语阶段。

总之，中介语教学理论对教师的英语教学有很大的帮助，使教师对中介现象的看法发生了转变，对提升教师的英语教学素养来说十分有效。因此，中介语理论在二语习得过程中发挥的作用是显而易见的，可帮助教师放平心态，正视学生在英语学习中出现的错误，提升学生的英语可持续学习能力。该理论不仅能帮助教师在英语教学中提升自己的职业素养，还能促进其教学水平的提高。

第二节　语言迁移理论与高校英语教学

语言是人们交流的重要手段，在英语教学中发挥着重要的作用。对此，我们需要客观认识语言迁移理论的特征，然后把握其对高校英语教学的影响，进而实现高校英语教学的目标。本节在阐述语言迁移理论的基础上，在分析影响语言迁移因素的前提下，提出了促进英语正向迁移的英语教学策略，论述了语言迁移理论在高校英语教学中的应用问题。

一、语言迁移理论研究

（一）迁移概念解读

迁移在诞生之初只是一个心理学术语，指原来学习者学习的知识能够对其新知识的学习产生影响的过程。在奥苏贝尔看来，在影响学习的众多因素中，有一个非常重要的因素就是学习者明确知道自己学到了什么。在人们后续的知识学习中，迁移一直存在，人们对新知识的学习不可能不会受到以前学习认知结构的影响。因此，在现代教育理论研究和教学实践中，“为迁移而教”成为热门话题。①

由于对迁移性质看法的不同，研究者对迁移的概念理解也存在差异。有的研

① 李晓玲. 大学英语教学方法研究［M］. 西安：陕西科学技术出版社，2020.

究者将迁移看成是一种交际策略，这其中比较具有代表性的研究者为科德。在科德看来，迁移等同于借用，只是一种语言行为现象，并不能将其看作是一个学习过程。有些研究者则把迁移当成一种学习策略，这其中比较具有代表性的研究者为卡斯珀，在他看来，“语言迁移的过程其实就是语言心理不断变化的过程”，就是在这一过程中，第二语言会利用自己的母语知识去发展或者使用中介语。

对于迁移的理解，还可以从迁移的作用层面去解读，迁移是可以帮助二语习得者进行语言知识产出的策略，还能导致中介语形式的形成。

总而言之，随着人们对语际影响研究的深入，“迁移”的影响力不断增大，在后行为主义时期有关二语习得的研究中，这一术语得到了广泛的应用，尤其是在奥德林对二语习得的研究中，迁移的定义被明确下来。此后，由奥德林确定的迁移定义开始为二语习得研究者所认可，迁移成为二语习得研究中的重要概念，同时它也成为人们在讨论语际影响过程中比较有效的一个工具。

（二）语言迁移的主要表现形式

1. 正向迁移

正向迁移是一种有利于语言习得的迁移形式，它往往出现在母语与目标语有相同或相似形式的情况下：

母语的正向迁移并不具备隐性特征，一般情况下，它往往带有非常明显的表现形式。例如，当两种语言之间存在很多同源词时，学习者的词汇学习就会受到语言正向迁移的影响。正向迁移的出现并不是为了让二语习得过程中由负迁移导致的语言错误完全消失，而是使这些错误变少，或者让二语习得者习得语言的速度变快。

2. 负向迁移

负向迁移在二语习得中特别常见，二语习得者运用母语模式或规则去学习目标语，就会出现各种语言错误，这种能对第二语言产生影响的现象就是负向迁移。负向迁移在二语习得中是非常容易被发现的，这是因为它的表现形式不多，主要可以表现为目标语常规的偏离。

在第二语言习得过程中，语言的负向迁移普遍存在。来自母语的干扰被称为语间迁移，例如说汉语的英语学习者的错误“I lost my rice bowl”（我丢了铁饭碗）照搬了母语的词汇，“I am student”（我是学生）照搬了母语的语法规则。如果是来自目标语的干扰，我们可以将其称之为语内迁移。例如，“She can sings many songs”这一错误是由于学习者关于第三人称单数的知识对其产生干扰引起的。

在语言学习的过程中，学习者先学的知识会对后学的知识产生干扰，后学的知识也会对先学的知识产生干扰。前一种现象被称为“前摄抑制”或顺向迁移，无论是学习者先学到的知识，还是其后学到的知识，二者都能对彼此产生相互干扰或影响，这种干扰或影响可以称之为顺向迁移，例如，学习者先学倒装助动词的疑问句式，后来当其学习不需要倒装助动词的句型时，先前学的倒装句式会起干扰作用，学习者可能会把“I don't know where I can find it”写成“I don't know where can I find it”。后一种现象被称为后摄抑制或逆向迁移。

3. 回避现象

在母语与目标语之间往往存在一些显著的形式或意义差异，学习者在二语习得过程中为了避免这种差异所导致的错误就会自觉规避这些语言结构，这种现象就是我们所说的回避现象。当在二语习得中出现回避现象时，学习者并不会使用目标语中的某些结构，正因为如此，在学习者进行第二语言的运用时就会产生较少的错误。

回避现象是一种非常复杂的现象，对学习者二语习得过程中所产生的回避现象的认定也比较困难，因为它往往还与学习者的心理因素有着很大的关联性，而学习者的心理又具有个体差异。还需要说明的是，回避现象的讨论是有一定的前提条件的，只有学习者认识到自己在回避某些问题时，这些讨论才可以进行，才会变得有意义。

（三）迁移的相关理论

1. 对比分析理论

对比分析假说是在20世纪50～60年代由查尔斯·福莱斯首先提出的，起初的对比分析理论内容不多，查尔斯·福莱斯主要从心理层面界定了干扰与迁移。在对比分析理论体系中主要存在三种基本的观点：第一，母语与目标语中相似的内容非常容易引起正迁移；第二，母语与目标语中存在很大差异的内容往往又会引起负迁移，也就是会对语言习得者的目标语学习造成干扰；第三，目标语中可能会存在一些在母语中并不存在的语言特征，这就会给二语学习者的学习造成困难。

对比分析理论的诞生在二语习得领域掀起了不小的轰动，并在当时被许多研究者争相研究，且在外语教学中获得了广泛的应用。借助对比分析理论，研究者可以找出母语与目的语之间的共性与差异，从而帮助二语学习者在学习过程中减少负迁移。

自 20 世纪 80 年代以后，人们开始转变对比分析理论研究的方向，重视对其应用层面的研究，不过，随着外语教学研究内容的丰富以及研究范围的扩大，对比分析理论的发展也变得越来越局限。

大量的事实与研究已经证明，对比分析理论对学习者在语言学习过程中产生的错误进行预测的能力是有限的，鉴于此，研究者开始将研究的重点放在学习者在语言学习过程中产生的实际语言错误。也就是因为这样，对比分析理论的地位才逐渐丧失，开始被错误分析理论取代。

2. 错误分析理论

1967 年，错误分析理论开始被二语习得研究者重视，并且逐渐取代了对比分析理论。错误分析理论是对对比分析理论的发展与完善，从认知心理学的视角出发，探究了产生语言错误的根本原因，系统地总结了错误的类型，主要将语言错误分为语内错误与语际错误两种，错误分析理论对语言错误的深究恰恰也是说明了语言错误并不都是由语言迁移造成的。

随着对错误分析理论研究的逐步深入，人们逐渐发现了错误分析理论的不足，认为该理论将研究的重点集中在语用失误与语言输出层面，忽视了以下三个方面的内容：第一，对怎样正确、流利地表达语言形式予以忽视；第二，错误分析理论无法恰当地反映教学实践，学生在英语学习过程中遇到的问题无法及时得到解决；第三，语言学习中出现的一些现象无法用错误分析理论进行有效解释。因此，错误分析理论也像对比分析理论一样，在 20 世纪 70 年代迎来了自己被取代的命运。标记理论顺利取代了错误分析理论。

3. 标记理论

不仅语言差异可以影响语言迁移，语言的标记性同样也能对语言迁移产生不小的影响。在语言学中存在不少分析语言系统的指导准则，标记就是其中相对比较重要的一套准则，它是建立在两个对立的语言成分之中的，分为有标记与无标记两种，有标记就是说语言具有某一特征，无标记就是说语言缺少某一特征。

1931 年，特鲁别茨柯依发表了他的《语音系统》，在这其中，“标记性”这一理念被首次提了出来，不过，特鲁别茨柯依只是对“标记性”进行了简单论述，并未展开详细的探究。直到 1977 年，埃克曼对“标记性”理念进行了完善，他提出了“标记性差异假说”，指出了标记性在语言迁移中发生作用的多种方式。埃克曼认为，二语学习者的困难不只可以从语言差异中体现出来，通过类型标记性差异还能准确预测其学习中的难点。

在标记理论看来，很多因素都可以影响二语习得过程中的困难与迁移，母语与目标语之间的差异只是其中一个因素。这一重要观点极大地促进了标记理论的后续发展，它开始被研究者广泛地应用到语言分析与描写语言之中。

二、影响语言迁移的因素

（一）语言因素

从语言层面上看，影响语言迁移的因素主要有音位、词汇、句法、语篇四个层面。

1. 音位因素

影响语言迁移的语言因素中，音位是非常明显的一个因素，这就是人们日常所讲的口音，例如中式英语发音等。汉语与英语两种语言在发音方式上存在明显的差别，汉语发音的方式为元音、辅音 + 元音，而英语的发音方式则为元音、元音 + 辅音、辅音 + 元音 + 辅音。在母语是汉语的人学习英语时，这种语音系统差异就会影响其对英语的学习，因此，学习者在学习英语的过程中要注意音位在语言迁移中的影响，从而更好地学习英语。

2. 词汇因素

二语习得者在学习目的语的过程中总是会受到母语思维的影响，因而一些词汇的搭配或多或少地都会被母语的搭配方式所限制，在中国学生学习英语的过程中就产生了很多中国式搭配，如用“people mountain people sea”表达“人山人海”就是非常好的一个例子。

3. 句法因素

从句子结构的层面上来看，英语与汉语也存在显著差异，英语句子比较注重结构，要求句子结构以语法规则为基础，讲求整齐划一，也就是说要利用结构全面地展现句意；而汉语则比较注重语义，句子没有统一的标准，表达上比较宽泛，说话者想要表达的内容会随着其思维发生变化。英语重视结构还体现在其对主谓结构的重视，英语句子中必须要有主谓两个成分，即使这两个成分在句子中并不会表达实际的意义，但是对讲究语法规则的英语来说，二者也是必不可少的。

4. 语篇因素

从语篇层面上来看，英语在叙述事物或者事件时有自身固定的顺序，通常情况下，是按照由小到大、由部分到整体的顺序进行，但是汉语表达的顺序则恰恰相反。

而在语篇的衔接上，英语比汉语更加重视结构上的整齐划一，讲究所有的表达都要符合语法规则，基于此，英语句子中的因果、转折以及比较等关系都能一目了然。而对汉语来说，意义比形式重要，汉语注重的是整体意思上的统一。

（二）非语言因素

1. 年龄因素

在影响语言迁移的非语言因素中，年龄因素是不容忽视的，随着语言迁移研究的不断深入，年龄因素对语言迁移中的影响越来越受到研究者的重视。通过对孩子学习语言的情况进行总结可以发现，孩子年龄越小越容易学习第二语言。因为随着孩子年龄的增长，在其学习第二语言过程中受到母语语言影响的程度也会越来越深，这在一定程度上会阻碍孩子对第二语言的学习。

不同年龄阶段的学生在进行第二语言学习时会存在程度上的差异，这种差异产生的年龄分界线大约在 15 岁。15 岁之前的学生在学习第二语言时受到母语的影响会相对小一些，所以他们通过学习往往能迅速掌握第二语言；而 15 岁之后的学生由于对母语的掌握能力已经很高了，所以在进行第二语言学习时会在很大程度上受到母语的影响，学到的第二语言也就不会那么地道了。从这里可以看出，相比于成年人，儿童更容易学习第二语言，第二语言学习的最佳年龄时期应该在 2～15 岁。

笔者分析了出现上述情况的原因，在笔者看来，任何一个人学习第二语言都不可避免地会受到第一语言（母语）的影响或干扰，且这种影响会随着学习者年龄的增大不断扩大。当学习者能熟练掌握母语的程度越来越深时，对第二语言学习的影响会越来越大。这是因为儿童由于年龄小，对世界的认知还不成熟，语言习惯还未形成，因此在进行第二语言学习时，儿童往往能迅速接受第二语言的表达方式与语言习惯，而不会受到母语较大的影响；而对年轻人来说，他们随着年龄的增长，母语已经掌握得非常熟练了，母语习惯与思维方式已经形成，因而在学习第二语言时很容易受到母语的影响，也就是对第二语言的学习产生负迁移。

认识到第二语言学习中的迁移规律之后，就需要着手进行外语教育改革，要把孩子学习第二语言的时期尽可能提前。

2. 动机因素

如果学习者置身于一个比较好的学习环境中，迁移与动机将会相互影响并相互促进。在学习过程中，倘若学习者能将自己的所学与其他有关场合联系起来，并进行知识的迁移，他就会觉得学习是有价值的，基于此，其主动学习的欲望也会增大，动机也会增强。

3. 性别因素

性别因素也能对第二语言的习得产生影响，大量的研究实践已经表明，女性在第二语言学习上要比男性容易许多。

尽管在第二语言学习上女性要比男性更具优势，但是这并不意味着所有女性都在第二语言习得中占据比男性更大的优势。这是因为影响语言迁移的因素众多，性别只是其中一个。在性别对语言迁移产生影响的过程中，其他因素同样在产生作用。比如，英国就曾经通过一个实验验证了这一结果，实验表明，在英国大部分地区，亚裔男性在英语的掌握上要比亚裔女性更加容易，表达得也更加地道。之所以会出现这样一种情况，其实原因非常简单，男性是家庭收入的主要贡献者，他们大多都是在社会上工作，与同事、客户进行交流都需要使用英语，在这种周围都是英语的环境中，他们自然而然地会受到潜移默化的影响，英语水平在大量的应用实践中也会提升。但是很多亚裔女性都是家庭主妇，他们与外界接触的机会有限，相比于男性，她们说英语的机会明显不多。因此，性别因素在对第二语言习得产生影响时，还会掺杂其他因素，例如语言环境等，就是在不同因素的相互作用下，语言迁移现象才会不断涌现。

4. 社会地位因素

随着对语言迁移研究的深入，人们越来越发现，社会地位也可以影响人们的第二语言习得。社会地位对第二语言习得产生影响这一结论已经被大量的研究与实践所验证。

三、促进英语正向迁移的英语教学策略

（一）正向迁移理论与高校英语教学实现了连接

1. 认知策略成为英语学习中重要的一部分

在进行语言学习时，认知阶段是学习的最初阶段，因此，很多语言学家认为母语对第二语言的影响不可以被称为负向迁移，而是可以将这种影响当成一种语言策略，这是因为该影响只是人们对世界万物进行认知的一部分。

而对学生来说，他们在英语学习过程中的首要任务就是使用不同策略对其在学习认知中产生的假象与矛盾进行辨别，从而保证自己能准确地掌握英语知识。

2. 普遍语法是高校英语教学语法体系中的一部分

语法在语言体系中占据重要地位，它就像是支撑语言的支架，在任何语言中都普遍存在，且每种语言的语法都是符合自身规律的特定语法。语言是存在通行的，所以也存在普遍语法，但是，这里的普遍语法需要涉及语言普遍现象及其语法组成部分，还包括各组成部分的关系与语法规则的表现形式，正是这些原则才构成了最终的普遍语法。

语言普遍存在差异，其具有的语言特征多为语言自身独有的特征，这种语言特征主要在离散音段上有所体现，而离散音段主要是由元音与辅音组成的，且元音与辅音的量并不受限。因此我们可以说，语言的共性之一就是具有语法现象，且这种现象在任何一种语言中都存在，它不仅是构成语言的基础，而且还展现了

语言的魅力。

将语法作为语言的核心，人们可以在此框架下正确、自由地表达自己的想法，也能更加清楚地传达自己的意图。

3. 最小方案能削弱母语对英语学习的干扰

最小方案是由埃利斯最早提出来的，它是一种重要的语言方法，主要目的是降低母语对目的语的阻碍。

最小方案的实施需要具备一个前提条件，那就是母语与目的语必须要存在共性。在此基础上将母语的语言因素最小化，同时重视学生在学习过程中的收获，使学生利用自己形成的语言策略对目的语知识进行分析，从而总结出属于自己的英语学习方法。例如，学生在学习英语之初不可避免地会出现中式英语的情况，虽然这些中式英语从表面看起来是学生的语言错误，但是如果我们深究一下就能看出，这种中式英语对提升学生的英语水平也起到了积极作用。学生借助母语的力量实现了用英语交流的目标，同时也较快地实现了英语技能的掌握。中式英语也是学生探索出来的语言策略，它在一定程度上弥补了语言的不足，其实从本质上来看，中式英语也是学生英语学习的必经阶段。

（二）促进英语正向迁移的具体英语教学策略

1. 创设情境，激发联想

要想实现语言正迁移，教师需要做出如下努力：教师要善于思考，尽可能为学生创设出适合英语相关知识的教学情境，还要在教学中学会利用母语的独特优势，从而使英语学习变得更加容易。还需要指出的是，在英语学习时还会产生负迁移现象，教师要对可能发生负迁移的地方事先做好相应的准备工作，创设恰当的情境，从而激发出学生丰富的联想。

现代教育技术实现了飞速发展，教师在英语教学中也应该有意识地使用现代化教具。利用这些现代化教具，教师可以更加直观、形象地进行教学内容展示，这样非常有利于排除学生英语学习的障碍，也能实现教学内容的正向迁移。

教学活动是一种师生双向活动，情境创设可以进一步拉近师生间的距离，而且学生个体之间是存在显著差异的，情境创设活动将为每个学生提供学习的舞台，同时还能在最大限度上促进英语的正向迁移。

所以，在英语教学中，教师要尽自己的最大努力去充分调动学生的学习兴趣，对他们所学的新旧知识进行迁移，这是因为学习兴趣是学生能持续进行英语学习的不竭动力。

2. 克服定式，活学活用

英语教学的主要目的就是通过听、说、读、写训练让学生在学习英语基础知识的前提下，掌握英语应用能力，进一步激发学生学习英语的兴趣，并最终使学生养成良好的学习习惯。

从当前英语教学的现状可以看出，外语教学依然是一种应用型的教学活动，课堂上的讲解与训练，以及定期的考试，已经成为英语课堂的常态。所以，在当前的英语教学中，提高解题技巧以及解题的正确率将成为获得较好英语成绩的法宝，很多教师与学生对此深信不疑。而学生在解题的过程中通常不太会辨别“陷阱题”，因此很容易就会答错。之所以出现这种现象，一个比较重要的原因就是学生会受到以前所学知识的影响，在学习中会形成负迁移，也就是会形成思维定式。

思维定式是人们在工作、学习生活中已经形成的固定的思维方式。学生在做英语题时很容易受到固定搭配、习惯用法等因素的影响，因而会凭着过往的学习经验进行解题，所以，当这种情况出现时，教师应该主动帮助学生排除一切学习干扰，也要教会学生在解题中掌握一定的技巧。

四、语言迁移理论在高校英语教学中的应用

（一）语言迁移理论在高校英语听力教学中的应用

1. 正迁移对英语听力理解的积极作用

在英语听力理解中，正迁移可以对语音、词汇以及语法等产生积极影响。

（1）语音层面：英汉两种语言的语音体系存在显著差异，尤其在音高、音强等层面的差异更加明显。不过，在汉语中几乎都可以找到与英语中大部分音素相同或相似的因素，这为学生的英语学习提供了便利。从英汉语音结构来看，英语音节中的辅音与汉语中的声母作用相近，而英语中的元音则与汉语的韵母作用相似。

（2）词汇层面：英汉两种语言中的词汇在音、形、义方面存在明显差异，这种差异导致学生在英语学习中会形成负迁移。尽管如此，英汉词汇意义还是存在对应现象的，所以，英语词汇也是可以存在母语正迁移现象的。

（3）语法层面：英汉语言的差异并不能阻碍其共性的存在，两种语言虽属于不同语系，但是二者在句型结构与句法结构上也存在一定的共性，例如主谓、主谓宾都是存在对应关系的。

通常情况下，听力篇章的句法与语法结构都不太复杂，因此学生在进行听力训练时是可以直接进行汉语语法体系正迁移的，这样学生能更容易理解听力内容，从而有利于其听力水平的提升。

2. 正迁移对英语听力教学的启示

其实，英语听力理解绝非我们所认为的简单的信息接收过程，在听力理解过程中，学生会受到先前所学的英语知识的影响，尤其是学生的母语知识，必然会对其英语听力理解产生积极或消极的影响，也就是正迁移或负迁移。所以，教师在英语听力的教学中，要注意规避负迁移，引导学生充分发挥正迁移的作用。

（1）加强培养学生运用综合知识（包括语言性和非语言性知识）的能力：英语听力材料提供的内容有限，无法将说话人所表达的意思都包括进去，学生必须要使用自己先前所学以及已经建构而成的非语言知识结构才能将所有的听力内容尽数掌握。

因此，在学生创建听力信息的过程中，教师要时刻关注学生的动态，对学生出现的问题要积极介入和解决，引导学生学会利用自己所学的旧知识来建构听力理解的内容框架，从而保证学生可以顺利地将旧的知识系统转移到英语听力理解中，这一过程正是正迁移在发挥作用，学生的听力理解能力将会有显著提升。

例如，在听力理解的热身阶段，教师可以通过讲解的方式向学生渗透即将听到的听力理解的主题，为学生提供与该听力内容相关的背景知识，这样便能帮助学生建立其旧知识系统，再在教师的引导下，帮助学生建立新知识系统，从而为听力材料的信息输入做好充足的准备。

（2）强化训练学生的语用意识和能力：英汉两种语言虽然在很多方面存在显著的差异，但是二者在语音、词汇、语法等层面依然有相似之处，这也为正迁移的发生提供了机会，也就是说，如果两种语言的相似之处越多，那么在语言学习中出现的正迁移现象也就会越多。

例如，我们可以从语用的层面来看，对英汉两种语言中表达相似的词组，教师首先可以为学生提供一些必要的语用知识，让学生对语用有一个基本的了解，从而培养学生运用语用推理策略的意识，并督促学生将这种方法运用到听力理解中。另外，教师还要辅以大量的例子培养学生的听力技巧，让学生认识并掌握听力技巧的迁移性，同时在大量听力训练的基础上不断提升其听力理解能力。

(3) 竭力避免语言负迁移的消极影响：教师在进行听力教学时，首先，应该告诉学生英汉语音是存在负迁移现象的，在此基础上向学生示范正确的语音语调，进而不断提升学生的辨音能力。其次，教师要有意识地规避负迁移，积极使用正迁移来促进学生听力水平的提高。而要消除听力理解中负迁移的消极影响，笔者认为可以从以下两个方面着手。

① 教师正确引导，并注重口语原声训练：学好一门语言，发音非常重要，但是发音学习不是一蹴而就的，它是一个非常漫长且枯燥的过程，因此，英语教师在讲解英语发音时要有足够的耐心，明白学生之间是存在个体差异的，对那些发音不好的学生要理解，尽量帮助他们提升自己的发音水平；而对那些比较难发的音，教师不能过于着急，要循序渐进。教师要清楚的是，语音学习往往是学习一门语言的开端，如果学生在一开始就丧失了学习语言的积极性，那将不会获得较好的学习效果。

与词汇迁移相比，语音迁移更加普遍地存在，这种迁移现象在听力理解中对学生产生了很大的影响，这其实也在另一方面阐述了语音语调习得过程中的艰难。所以，在听力教学中，教师要有所行动，要对英汉语音体系的异同进行总结，在对比中找出英语语音学习的难点，然后在教学中着重对这些难点进行讲解，同时也要提醒学生在学习这些难点时要规避的错误。另外，教师还可以鼓励学生多从网络上找一些英语听力资源，例如英文歌曲、英文电影等，学生多听几遍之后可以跟着复述，这样学生的英语语感也就能培养出来了。

② 加强学生对西方文化背景知识的学习：语言与文化关系密切，语言是文化的有效载体，通过语言，民族文化得以被记录与传承，对语言的发展历史进行研究能梳理出一个民族的文化发展史。任何民族都有其生存的特定生活环境，语

言就是在这种特定环境中产生的，因此也具有民族的特定文化属性。因此，在英语教学中，教师要积极为学生创建跨文化交际环境，不仅教授给学生英语语言知识，而且还要让学生了解英美国家的文化，使学生真正成为沟通中西方文化的“桥梁”。

在选择听力材料时，教师应选取那些能传递英美国家文化的材料，在学生听懂材料的基础上，分析材料内容中所展现的中西方文化差异，让学生最大限度地掌握相关的文化知识，从而使其形成心理定式，并最终促进英语知识技能的互相迁移。

（二）语言迁移理论在高校英语口语教学中的应用

在英语口语教学中，语言迁移理论依然发挥着重要作用。

1. 在英语口语教学中利用正迁移

在英语口语教学中合理利用正迁移，主要可以从以下几个方面入手：

第一，英语教师应该清楚地认识到，学生才是英语课堂教学的中心，教师必须积极了解学生的学习状态、学习能力、知识结构等，以实现良好的教学效果。一些心理学家认为，在学习英语的过程中，学习者的英语能力、知识体系等因素会对学习迁移产生影响。所以，教师必须重视这些因素，同时也要重视不同学生之间存在的个体差异。教师在掌握了学生的学习水平之后，才能更好地调整自己的教学内容及教学方法，尽最大可能使英语口语教学课堂满足学生的学习需求。

第二，教师要将汉语与英语合理地结合在一起，找到两种语言的相通点，借助二者的相似之处开展英语口语教学。实际上，汉语与英语虽然是两种截然不同的语言，但是二者在语音、词汇以及语法方面仍然存在一些相似点。英语教师可以合理地利用这些相似点开展英语口语教学活动，以此方便学生理解非母语语言，促进学生英语能力的提升。

第三，英语口语教学中的首要环节就是语音教学，在这一方面，教师可以借助语音的正迁移开展教学。汉语里面/k/、/p/、/b/，这几个音的发音比较好把握，因此，英语教师在进行英语语音教学时，就可以借助这种音节的正迁移，为学生传授语音技能。如英语中“are”“I”等单音节词汇就可以用这种方式进行教学。

第四，英语教学离不开词汇教学，在词汇教学方面，教师也可以使用正迁移。汉语与英语在词汇上的相似点较多，如汉字中存在偏旁部首等，而英语中也存在词根、词缀等，同时，词缀也有前缀与后缀之分。这种词汇的组成特点正好可以用于英语词汇教学中，学生可以借助汉字中的偏旁部首，理解英语单词中的词根词缀，记忆英语单词，同时也能理解词汇组成的内在含义。

由此可见，在英语口语教学中合理利用正迁移，可以帮助教师提高教学效率，同时促进学生英语学习能力的提升，加强学生对英语与汉语的理解，以此增强英语学习的效果。

2. 在英语口语教学中避免负迁移

在利用正迁移的同时，英语口语教学中也要注意避免负迁移，主要可以从以下几个方面规避负迁移对英语口语教学的负面作用。

首先，在英语口语教学中，英语发音非常重要，教师要想教会学生正确、地道的英语发音，就必须让学生明确了解英语与汉语在发音方面的区别，只有这样才能便于教师矫正学生的英语发音。汉语中的辅音往往不会单独出现，也没有两个辅音组合起来的情况，基本上都是由辅音 + 元音的形式组成的。这一点与英语存在差异，因此，教师在教授 fly/flai/、great/greit/等单词的发音时，学生会出现发音不标准的情况，容易误读成/fu lai/、/ge reit/。这就是学习者的母语在英语学习过程中产生的负迁移，这种负迁移不利于英语口语的学习，教师与学生都要尽量规避。

其次，负迁移在英语口语教学的词汇教学方面发挥着更大的影响作用，词汇方面的负迁移会使学生对词汇的含义产生不同的理解，实际上，这更多的是由中西方文化的巨大差异造成的。尽管汉语与英语中已经有了许多可以相互对应、相互解释的词汇，但是在英汉词库中还是有许多词汇无法找到合适的对应，而且有些本身可以对应的词汇，一旦用在不同的语境或者不同的搭配中，就会产生完全不同的意义。比如，“help”一词，中文通常译为“帮助”，这时该词在英汉语言中皆有对应。但是，当它被搭配成“can’t help”时，就会产生多重含义：

I can’t help you with your homework.

I can’t help cry.

由此可见，在英语词汇教学中，教师要引导学生深入理解两种语言的相同点与不同点，增加学生的阅读量，训练其英语语感，学习更多的词语搭配，教师要让学生明白，英语学习并不是简单地把汉语替换成英语再说出来，而是要合理匹配其含义。教师要减少负迁移给英语口语教学带来的消极影响。

其实，根据范例可知，英汉两种语言的用法存在很多不对应的地方，若单纯地对两种语言进行替换，那必然会造成意义理解上的误会，学生也会混淆一些用法。所以，英语与汉语的语言用法差异必须受到教师的重视。

（三）语言迁移理论在高校英语阅读教学中的应用

英语是中国学生的第二语言，汉语是我们的母语。在学习第二语言的过程中，母语的迁移现象会对第二语言的学习产生较大的影响。中国学生长期以来的汉语思维以及汉语学习方法会在很大程度上影响英语的学习思维。

母语的迁移也分为正迁移与负迁移，正迁移会在英语阅读教学中产生积极作用，而负迁移则会在英语阅读教学中产生消极作用。因此，教师与学生应该最大限度地发挥正迁移的作用，并尽量规避负迁移的影响，只有这样，才能使高校英语阅读教学开展得更加顺利。

1. 教学中解决语言迁移问题的主要策略

许多语言学家都认为，解决语言迁移问题最有效的方法就是改变第一语言的语言习惯。高校英语教师应该了解这一问题的难度，不断探索更新的英语教学方法，积极解决语言迁移问题，以实现更好的课堂效果。

（1）提供更多的语言信息资源：在英语学习的过程中，有两个不可或缺的重要环节，即语言输入与语言输出。语言输入是指一个人对语言信息的接纳过程，语言输出则指一个人将已经接纳的语言信息向外传输的过程。由此可见，语言输入可以给语言输出提供充足的信息，语言输出则负责给语言输入提供表达方式。语言输入与语言输出的关系非常紧密，其中语言输入在英语阅读教学中更加重要，因为，人只有通过语言输入具备了足够的知识信息储备，才有条件进行准确、丰富的输出表达。

所以，高校英语教师在进行英语阅读教学时，应该提前做好课前准备，争取为学生提供更多的学习参考资料，以此拓宽学生的学习视野，使学生将学习过的知识关联起来，形成一个完整的、合理的知识结构。具体来说，高校英语教师可以向学生推荐一些优质的英语课外读物，介绍一些优美动听的英文歌曲，激发学生学习英语的兴趣。学习语言是一个持续积累的过程，这个过程往往是长期的，必须用时间去了解、去沉淀。因此，英语教师必须激发学生对英语的兴趣，充分调动学生的主观能动性。学生只有具备了学习的主动性，才能保持学习英语的动力，其英语知识储备工作才能继续下去，英语语言能力才能获得真正的提升。

（2）有效使用语言信息资源：对语言信息资源的合理利用也可以有效减少语言迁移在英语阅读教学中的负面影响。高校英语教师可以充分利用语言信息资源，引导学生学习和感知英语语言的表达习惯与思维方式，在潜移默化中影响学生的英语思维，加深学生对英语语言的理解。具体来说，教师可以采用精读的阅读教学方式，让学生认真阅读经典英文文章，诵读并记忆作品中自己感兴趣或者优美的语句。教师也可以采用泛读的阅读教学方式，让学生大致浏览英文原版小说，教会学生概括英文作品的结构，分析作品的表达风格。除此之外，教师还可以借助英语新闻资料，锻炼学生快速阅读的能力，让学生在短时间内了解一个事件的中心意思。这些阅读教学方式都是对语言信息资源的合理利用，能极大地丰富学生的英语阅读量，从而降低语言迁移对英语阅读教学的消极影响。

2. *母语阅读策略的迁移对高校英语阅读教学的启示*

在高校英语阅读教学中，阅读策略是最重要的教学策略，不过，其中仍然存在母语阅读策略的迁移现象。现阶段，我国英语阅读教学已经广泛认可了阅读策略的重要性，许多英语课堂也有针对阅读策略的集中练习。然而，母语阅读策略并没有被大家所重视，也没有得到充分的利用。在高校英语阅读教学中使用母语迁移策略应该从以下几个方面入手。

（1）训练和提高学生的英语语言水平：语言迁移现象会在学生的英语水平接近一定的临界值时产生，因此，要想合理利用母语迁移策略进行英语阅读教学，就必须对英语基础知识予以足够的重视，扩充学生的词汇量，打好英语阅读的坚实基础。打好基础是提升学生英语阅读能力的第一步，也是最重要的一步。

（2）通过训练汉语阅读策略来培养英语阅读策略：母语阅读策略在高校英语阅读教学中的应用已经较为广泛。教师可以从汉语阅读策略入手，提升学生的英语阅读策略。实际上，站在中国学生的角度来看，不管他们的英语水平是高是低，面对汉语阅读训练与英语阅读训练时，还是前者比较容易理解。因此，英语教师在进行英语阅读教学时，可以适当地加入一些汉语阅读策略，让学生在学习汉语阅读策略的过程中，将良好的阅读习惯、阅读方法等迁移到英语阅读训练中，以此提升学生的英语阅读能力。

（四）语言迁移理论在高校英语写作教学中的应用

1. 母语负迁移在英语写作中的具体表现

以汉语为母语的中国学生在学习英语写作时会遇到许多困难与阻碍，这主要取决于英汉两种语言之间的巨大差异，这些差异主要体现在词汇、句法、语篇等方面。

（1）词汇方面：汉语属于分析语，在汉语表达中不存在严格意义上的形态变化，而英语则是一种综合分析语，这意味着英语的形态有着比较丰富、复杂的变化。这种形态变化在英语写作的学习过程中会给学生造成一定的阻碍，学生很容易忘记这些形态变化，从而写出一些不符合英语行文规范的语句。比如在“Our Chinese people are very proud of the great achievements made during the past few decades.”这一句子中，“our”的用法就出现了错误，该语句忘记了英语中格的变化，这里如果使用“our”，就会导致“our”与句子后面的“Chinese people”之间的关系发生变化，由原本的所属关系变成同位关系。所以，正确的用法应该是“we”，“we”是主格，而“our”是属格代词。

除此之外，在词义方面，英语的词义通常比较灵活，常需要依靠语境来判断词义，不具备较强的独立性；而汉语的词义相对精确，不具备较强的灵活性，不会过多地依赖语境，具有较强的独立性。

（2）句法方面：英语在组织句子时强调“以形显义”，也就是说，英语更加关注语句的结构、形式等是否完整，更倾向于利用语言单位的形式进行连接，表现语句中的语法与逻辑；而汉语在组织句子时强调“以神统形”，也就是说，汉语追求语句的逻辑顺序及其表达功能，更倾向于借助语言单位表达意义，以表现语句的语法、逻辑。

英语与汉语在语句结构上也有着很大的不同。英语注重语句的架构，通常将主语、谓语看作核心句子成分，并围绕主语、谓语组建起其他短语或从句，由主列次，其句式结构属于“树杈型”。汉语更看重语句的意念综合，通常整个句子会将语句的整体意念视为核心，用时间顺序将句子串联起来，其句式结构属于“流水型”。

（3）语篇方面：英语与汉语在语篇的结构、衔接、连贯等方面都存在差异。不同的语言有着不同的思维方式，由于语言思维的不同，英语与汉语的语篇结构也呈现出差异，英语的语篇结构是直线式，而汉语的语篇结构是螺旋式。通常情况下，英语的语篇中往往会非常直接地给出“主题句”，这个“主题句”会对该段落或者该文章进行简要概括，点明主旨，然后人们就可以根据“主题句”，对文章展开分析研究。但是在汉语文章中，很少出现这种情况，中文很少直接给出文章主题，而是会采用螺旋式的方法逐渐引导人们发现主题，并常使用暗示技巧。

英语与汉语的语篇差异可以概括为“形合”与“意合”的不同，基于此，两种语言的语篇衔接手段也必然不同。英语语篇的衔接手段属于显性衔接手段，会通过词汇和语法的连接构成整个语篇；汉语语篇的衔接手段则是通过词语与语句的逻辑关系构成一个整体的语篇。除此之外，英语语篇与汉语语篇在主语的使用上也有所不同，在正式的写作用语中，英语偏向于使用被动结构语句，汉语则偏向于使用主动结构语句。

2. 对英语写作教学策略的启示

在英语写作教学中，及时发现语言负迁移，并减少语言负迁移的消极影响，能有效帮助教师与学生更好地教授、学习写作课程，可以说，削弱语言负迁移的负面作用是学习英语写作的重要保证。①

（1）写作前心理认知：有研究表明，写作前计划在整个英语写作学习过程中占据着非常重要的地位，如果学生在正式写作前，没有制订科学、合理的写作前计划，那么就难以达成写作目标，整个写作过程也不会顺利。

因此，英语教师必须重视写作前计划的教学，要积极引导学生充分感知外部环境，构建起自己的认知体系。英语写作的学习过程并不是学生被动接受英语知

① 徐雪元. 大学英语教学改革实践［M］. 吉林出版集团股份有限公司，2020.

识的过程，而是学生学会理解知识信息、熟练运用知识信息的过程，因此英语写作训练必须关注学生的思辨能力、发现能力与创新能力。只有具备了较强的思辨能力与创新力，学生才能独立地完成写作任务，才能真正实现知识的内化。

在英语写作教学中，教师可以尽量多提问题，让学生从各种视角了解问题、分析问题，还可以组织课堂讨论，让学生积极表达自己的想法，从而帮助学生完成知识的内化。教师应该注重学生写作前心理认知的培养，激发学生的主动性，鼓励学生积极探索世界、发现知识，从而提升学生的写作能力与整体的英语思维能力。

（2）对隐性语言的认知：对学习外语的人来说，语言知识包括显性语言知识与隐性语言知识。显性语言知识，即语言的语音、语法、词汇等知识；隐性语言知识，即在学习者潜意识中的知识。一个人的隐性语言知识储备，在很大程度上影响着他对目标语言的熟悉度，隐性语言知识越丰富，目标语言就越熟练。因此，英语教师必须重视学生隐性语言知识的认知训练。一句话除了其表面意思之外，往往还会有一些深层含义或者隐含意义，比如在“The tree broke his fall”中，不能用“broke”的字面含义“打破”去理解该句的意思，而是要根据语句的逻辑关系，深入理解其含义，将词义延伸为“阻止”。

在英语写作教学中，如果学生不具备充足的隐性语言知识，就很容易把汉语的语句结构与英语的语句结构搞混，容易发生错误。所以，教师要训练学生的语句结构认知，教会学生将自己脑中的汉语思维结构、语句结构同英语的语句结构区分开来。同时教师还要教授学生正确的英语写作知识，引导学生把已知的显性知识转化为隐性知识，从而减轻写作语言负迁移的压力。这样既能丰富学生的写作语言，又能提升其整体的英语写作水平。

第三节　学习者个体差异与高校英语教学

众所周知，每个学生由于遗传、家庭环境以及学习环境的不同，学生个体之间存在着显著差异。学生的差异主要表现在如下两个方面：学生个体间的差异和学生个体内的差异。在实际的教学和学习中，学生的这种差异也表现在很多方面，如学生的性格、能力以及学习方式等方面。在英语教学中，教师不仅要了解这个阶段所有学生的共性特点，教师还要在具体的教学中了解每个学生的个体差异，从而为每个学生的英语学习提供恰当的指导。在高校的英语教学中，教师只有关注学生的个体差异，才能实现培养复合型人才的目标。本节我们主要从学习观念与高校英语教学、语言潜能与高校英语教学、认知风格与高校英语教学、学习策略与高校英语教学几个方面来分析和介绍学习者的个体差异与高校英语教学。

一、学习观念与高校英语教学

（一）不同学者对学习观念的界定

人们对学习观念的关注是从鲁宾（1975）的研究开始的，她认为“学习者的语言学习观念制约学习策略的选择和运用，学习者会用自己的学习观念诠释自己的学习经历，从而指导自身的学习活动”，但是鲁宾并未能对学习观念做出明确的定义，只是在对学习策略的各种论述中隐含着对学习观念的一些早期认识。

在鲁宾之后，相继有学者试着为学习观念做出定义，克拉克认为，学习观念是一种“内隐理论”。

较早的研究者还有文登和霍维茨，文登认为教师要培养学生的自主学习能力，就应致力于了解其语言学习的观念，而学生的学习观念与学习者的自身经历相关，并对学习有促进作用，学习者选择特定的语言学习策略基本原则的依据就是他们关于如何学好外语的学习观念。霍维茨最先使用“belief”一词描述学习观念，并将其定义为：学习者对语言学习各个方面所持有的看法。

上面不同的学者提出的学习观念定义都是从学习者的角度出发进行定义的，上述的这些定义在阐述中并没有考虑社会因素可能产生的影响。随着研究的深入，一些学者把社会因素考虑在内并提出了新的关于学习观念的定义，如学者班森给出的学习观念的定义为：学习观念可以理解为认知资源，即学生利用它来理解和应对特定的学习内容和学习环境。

总之，我们认为，学习观念的定义主要是指学生在学习过程中所形成的一种相对稳定的思想意识，这种思想的形成主要受到两个方面因素的影响：一个是学生自身的英语学习经验，另一个是其他同学对学生英语学习所产生的影响。在高校英语学习中，学生树立正确的英语学习观念对提高学生的英语综合能力具有重要的意义。通常我们认为，学生在中学阶段的英语学习过程中所确立的学习观念会对其大学英语学习产生较大的影响，因而学生在大学阶段的英语学习中要转变英语学习的观念，使学生重视提高自身的英语综合能力。

（二）大学生英语学习观念必备

1. 自学为主

我国很多学生在中学阶段的英语学习中，因其逻辑思维能力发展得不是很成熟，所以很多学生在英语学习中比较依赖教师的课堂讲授。然而当学生步入大学之后，大学的英语以学生自学为主，这与中学的英语学习有很大的不同。

在大学的英语教学中，教师采用的是主导式的课堂教学方式，即教师在课堂上的重要工作就是对学生的英语学习内容进行讲解和答疑，讲授相关的技巧，然后教师再布置一定量的英语课下作业，定期开展英语测试等方式来检验学生的英语学习效果。因而在高校英语教学的课堂中，教师不再像中学英语课堂那样重点讲授英语句型、句式、语法等内容。这就要求大学生在高校的英语学习中要充分做好英语的预习准备和及时复习，同时大学生在英语课堂上要积极主动发言，争取更多的英语发言机会。总之，大学生在学习英语时，不能仅仅依靠教师的教学，大学生还要养成自学英语的好习惯。

3. 循序渐进

学生的学习本就是一个长期的过程，因而学生在英语的学习的过程中一定要遵循循序渐进的原则，不能想着一蹴而就，不要想着走捷径，找到快速提高英语水平的方法，那样是不科学的。学生只有在长期的英语学习过程中日积月累，不断学习新的知识和技巧，才能逐步提升自己的英语综合实力。学生的英语学习一定要经历一个从量变到质变的过程。学生的英语听力、阅读、口语以及写作学习都是一个长期的学习过程，都需要学生持续地学习才能看到成效。总之，大学生的英语学习是一个循序渐进的过程，需要学生坚持不懈的努力。

（三）基于学生学习观念的高校英语教学

英语这门学科具有较强的实践性，学生在学习英语这门语言时，不仅要掌握一定的语言基础知识，还要掌握一定的语言应用能力。学生应用英语依赖实践活动，而大学生参与教学的程度如何则又会产生不同的教学效果。我们认为，为了更加符合学生的学习观念，教师在英语教学过程中应该注意以下几点：

1. 改革教学结构，调动学生的学习积极性

在高校的英语教学中，教师要想在教学中实施自主学习的策略，就需要厘清师生之间的关系。在学生的自主学习中，学生才是学习的主体，学生要积极主动地学习，同时教师要给学生的自主学习提供适当的指导。

学生学习英语语言是一种基本的技能，这种语言技能单独依靠教师的教学是很难掌握的，它还需要学生主动把这些技能内化为自己的技能。在我国传统的英语教学模式中，教师是课堂的主体，学生在课堂上是被动地学习，学生在课堂上几乎没有英语实践的机会，这就大大地打击了学生学习英语的积极性。因此，在高校的英语教学中，高校一定要改革教学的结构，树立学生才是英语学习的主体这种意识，教师在高校教学中一定要多为学生提供英语实践的机会。总之，教师的主要作用就是帮助、指导学生的英语学习。

在具体的英语教学中，教师为了给学生提供较多的英语锻炼机会，教师在教学中通常都会改变传统的教学方式，采用更加多样化的英语教学手段，从而使得学生在英语课堂中可以有更多的用英语发言的机会，学生可以和教师或者其他同学积极地用英语进行交流，从而督促学生开口说英语。通过这种方式也能锻炼学生的英语口语能力。

此外，教师还可以通过观察学生的兴趣把学生按照兴趣进行分组，使学生可以在兴趣小组内学习英语。在英语课堂中，教师也要想办法采用多种课堂形式来吸引学生的英语兴趣，使他们愿意主动参与到课堂的话题或者问题讨论中。

2. 利用计算机技术，引导学生开展自主学习

《大学英语教学大纲》明确规定，英语课内外学习时数的比例不低于1：2，这就说明，学生应该用两倍于课堂时间来进行英语的自学。在这种要求下，我国的高校和英语教师应该如何基于《大学英语教学大纲》的要求，逐步培养学生的自学能力呢?

随着信息技术时代的到来，学习者在日常的学习中就可以充分利用先进的网

络技术来辅助学生的英语学习。利用互联网学习可以搜索和查询很多英语学习需要的资料，而且学生利用计算机开展英语的自主学习可以突破学习时间以及空间的限制，大大提高了学生的英语学习效率。需要注意的是，教师要引导学生合理地利用网络开展英语的自主学习，千万不能让学生沉迷于网络游戏。

中国已经建立了很多线上英语学习网站，例如“中国外语教育网”等。此外，很多高校的官网上面也有关于英语学习的网页，方便学生的英语自学。

总之，我们认为，在高校学生的英语学习中，利用计算机网络技术来辅助自主英语学习是一条高效的途径，值得鼓励和尝试。

3. 加强对学生英语学法的指导，培养学生自主学习能力

众所周知，高校的英语教师在课堂中会讲授大量的英语知识，学生在课堂上是很难完全掌握教师讲授的知识的，这就需要学生在课下积极主动地复习课堂上学习的知识。只有这样，学生才能基本掌握这些内容。另外，学生要想真正掌握英语这门语言，他们还需要在课下自主学习更多的英语资料，并在合适的场合应用英语。

实际上，在英语学习中，学生没有掌握科学的、适合自己的英语学习方法才是学生英语学习效率低的根本原因。因而在实际的英语教学中，教师除了要教授学生英语知识，一定还要恰当指导学生的英语学习方法，即教会学生学习，尤其是学生的自主学习。

在具体的教学中，教师一定要花较多的时间向学生讲解与英语相关的学习方法。学习方法涵盖的内容范围要非常广泛，有课堂的预习方法、英语知识点的记忆和复习方法、英语的听力技巧、口语技巧、阅读技巧以及写作技巧等。学生只有掌握了适合自己且科学的英语学习方法，才能在高校的英语学习中达到事半功倍的效果。

二、语言潜能与高校英语教学

（一）语言潜能概述

1. 对语言潜能的界定

语言潜能，有时候也被人们称作语言学能。通常情况下，“潜能”指的是人们在学习某种特定技能的过程中所体现出来的与众不同，且又相对稳定的一种专

门能力。在汉语的表达中，这种能力倾向也会被叫作“天赋”等。每个人可能会具有不同的“天赋”，而且好多人的天赋都是表现在艺术的层面中。

斯凯恩曾经深入研究过语言潜能方面的知识，通过研究他指出语言潜能的两个重要方面：第一，语言潜能是两种能力的混合物，它包括语言处理能力和处理非语境化材料的能力。在学习者具体的语言学习中，这两种能力都至关重要；第二，斯凯恩指出，他观点中的潜能和语言的学习环境、课堂环境以及语言的习得环境等都有较大的关系。斯凯恩对语言潜能所下的定义适用于以下两种学习环境，即正式的语言学习环境和非正式的语言学习环境。

在卡罗尔和萨逢的观点中，他们指出，语言潜能这种能力是天生的，学习者在后天的学习和训练中其实并不能提高很多语言潜能，因而语言潜能不同的人在学习第二语言时，其学习的速度和掌握程度也存在较大的差异。

通过分析整合不同语言学家关于语言潜能的定义，我们得出，所谓“语言潜能”就是学习者在学习一门外语的过程中所必需的认知素质或者学习语言的能力。事实上，素质和能力之间是存在一定紧密联系的。而语言潜能就是充分利用学生的认知素质来分析和判断学生的外语学习潜能。

前面我们已经分析了语言潜能的定义，把它应用到具体的外语学习中，就体现为“语言潜能”是学习者在学习第二语言的时候所表现出的一种相对稳定的专门能力倾向。通常我们认为，那些语言潜能比较强的人，其实就是人们常说的语言天才。然而，有一点需要强调，“语言天才”只是他们有较强的语言潜能，他们并不一定就是“语言学家”，二者之间有差异。例如，法国著名的语言学家梅耶，虽然他讲授了很多和语言相关的书籍，可是无论他采用什么语言来举例子，他一开口就是比较浓重的法国口音，这是改不了的。由此可见，当一个人拥有较强的语言潜能时，这个人就有了较强的语言学习能力，然而语言学家必须拥有较强的语言研究能力。

2. 语言潜能的构成要素

在卡罗尔的观点中，他明确提出了语言潜能的具体构成要素，主要包括四个方面的内容：语音编码能力、语法敏感性、归纳性语言学习能力、联想记忆能力。

在学习者学习一门外语时，其语言潜能的发挥很重要。每个学习者的语言潜能是不同的，具有个体差异。

（1）语音编码解码能力：语音编码解码这项能力是学习者学习一门外语的基础，它主要指学习者识别不同语音的一种能力。它主要是在语音和表示某个语音的符号之间建立一定的联想，从而保存这些并形成长时记忆。

在学习者学习一门外语的初始阶段，学习者的语音编码解码能力对学习外语非常重要。如果学习者在这方面的能力比较强，他就会更加准确清晰地分析接收到的听力刺激，从而做出准确的判断，丰富自身的语料。

（2）语法敏感性：语法敏感性主要是指把语言形式与其固定的语境进行分离，从语言材料中推断出语言规则的一种能力。从简单的层面来理解，这是一种辨别句子中某个词语的语法以及判断其在句子成分中作用的一种能力。需要强调的是，学习者的这种能力并不是指其对语法的实际熟悉程度，而是指学习者在学习语法的过程中所体现出的一种潜在的能力。

（3）归纳性语言学习能力：归纳性语言学习能力是一种如果给学习者提供可以供推测的语言材料样本，学习者能推断、归纳及运用这些语言材料的能力；也就是学习者仔细观察和分析这些语言材料，并在这个基础之上进行综合分析的一种能力。这种能力主要体现在文字识别等方面，是一种属于识别模式的能力。

（4）联想记忆能力：联想记忆能力是一种把刺激和反应联系在一起的能力，既建立联系又保存联系的一种能力。虽然在传统的观点中，记忆能力和学习者获得的新信息有很大的关系，然而研究人员也重视记忆的再现，并关注信息的存储方式。例如，学者斯凯恩在研究记忆的概念时就不断扩大记忆的概念，从而获得了相应的研究进展。在斯凯恩的观点中，学习者记忆与听力方面相关的材料时才能够提升记忆的能力。此时的重点是学习者头脑中的记忆内容能否被快速回忆起来用于现实的交际需求，变成合适的语言行为。

（二）语言潜能理论在高校英语教学中的应用

1. 语言潜能理论在英语教学中的具体应用

在学习者的潜能研究中，人们关注的重点问题就是如何根据学习者潜能的不同开展教学，提升教学的实际效果。将语言潜能理论应用到英语教学中。斯凯恩提出了两种比较有效的教学方法，分别为：潜能—处置—相互作用方法和诊断性方法。

（1）潜能—处置—相互作用方法：潜能的结构跟潜能—处置—相互作用，简称为ATI研究设计，这个研究的主要目的在于探索和研究对特定类型的学习者，在教学中采用不同的教学方法是否会有更好的效果。这个研究开展的重要前提条件就是，没有最好的方法，但是可能创造最佳的学习条件。

当教师采用的教学方法和学习者所拥有的潜能层次相匹配时，则能促进学生的学习，可是如果教师采用的教学方法和学习者所拥有的潜能层次不匹配，则不利于学生的学习。

另外，潜能研究也应该紧密联系课堂的教学过程，这是因为如果教师在高校的英语课堂教学中遵循因材施教的原则，那么教师就会让学生在教学中充分发挥其语言潜能。

（2）诊断性方法：通常我们认为，测试的方法有如下四种类型的测试，分别为：

① 潜能测试。

② 成绩测试。

③ 能力测试。

④ 诊断性测试。人们通常可以把上述第四种测试方式和其他三种测试方式进行结合，从而提升测试的效果，如教师在教学中运用诊断性潜能测试进行检测。具体教学中，教师在授课之前就可以利用诊断性潜能测试来测试学生，从而根据测试结果选择适合的教学方法。对学生的语言潜能进行测试还能使学生认识到自身的潜能以及优点，帮助学生认知自我，提高自我。

2. 语言潜能在英语教学中获得应用，教师该何去何从

在语言的学习中，学习者的语言学习潜能是影响个体差异的重要因素。因而对高校的英语教师而言，其在教学中的首要任务不是挖掘学生的语言潜能，而是为学生的英语学习创设良好的语言学习环境。

首先，在教学中，教师不能强迫学生去开发和挖掘自身的语言潜能，而是要让学生明白：每个人都有不同程度的语言学习潜能，学生要根据自己的潜能适度

学习英语。在教学中，教师要让学生明白每个人都具有语言学习潜能，这也是英语学习的重要基础。

之后，教师在教学中应该仔细观察和分析每位同学的学习潜能，然后根据不同学生的语言潜能来设计科学、适合学生学习水平的英语学习活动，并为学生的英语学习提供有针对性的学习材料，教师还要对学生的英语学习成果展开多样化的评价方式，与此同时，学生也要反思自己的学习行为。

在具体的教学实践中，如果学生的英语潜能表现得比较明显，这种情况下教师就可以充分利用学生的英语潜能开展英语教学，可是如果学生的四种英语潜能表现得都不是很明显，教师在教学中则可以观察和寻找学生身上其他方面的优势，然后引导学生利用其他优势来开展英语学习。在英语教学中，要想充分发挥学生的英语潜能，教师在教学中需要做到：坚持不断地告诉学生，你是可以学好英语的，你在英语方面是有较大潜能的。

三、认知风格与高校英语教学

（一）认知风格概念及种类

认知风格通常又被叫作认知方式，它主要是指个体在认知过程中所表现出来的习惯化的行为模式。在所有条件都相同的情况下，学习者却拥有不同的学习效果，学习的进度也不一致，这主要是因为学习者的认知风格存在个体差异。

1. “场依存型”与“场独立型”

在认知风格的研究中，学者根据一定的标准把认知风格分为“场独立型”和“场依存型”的认知风格。这种认知风格的分类对学者研究二语习得产生了较大的影响。

其中，美国的著名学者威特金于20世纪40年代通过观察和研究提出了“场独立型”认知方式的存在。在威特金的观点中，场独立者在学习的过程中比较独立，他们能够独自分析和解决学习中遇到的问题，他们在学习中不易受到学习环境和其他学习者观点的影响；而场依存者在学习中比较依赖教师，他们在学习时比较容易受到学习的环境以及其他学习者观点的影响。总之，这两种不同认知风格的学习者在学习中会采用不同的学习策略和方法。

在具体的语言习得中，认知风格属于“场依存”的学习者在学习的过程中更加容易受到学习环境以及学习周边其他人的影响。如果周围有其他人给场依存者一定的暗示，无论是积极的暗示或者是消极的暗示，这些暗示都会对场依存者产生较大的影响。通常情况下，场依存者在学习中更加倾向和喜欢的知识是人文类或者社会科学类的知识内容。并且场依存者在学习时更加喜欢集体学习这种方式，他们不喜欢单独学习，而且他们的情绪不是很稳定，容易有较大的情绪变化。

认知风格为“场独立型”的学习者在学习的过程中通常都会有较强的学习动机，他们愿意主动学习相关的知识，更愿意在学习中开展探究式的学习。场独立者在学习语文等知识时容易出现遗漏、粗心大意的现象，但是他们往往具有较强的逻辑能力和分析能力，善于分析有歧义的句子或者文章等。他们通常都能依据自己的分析和判断来做出决定，很少受别人观点的影响。在特殊的情况下，场独立者会表现得相对固执，不愿意听从他人的建议等。

有一点需要强调，我们这里划分的“场独立型”和“场依存型”这两种不同认知风格的概念是相对的，并不是绝对的。在实际的学习中，很多学习者的认知风格会随着年龄、学习环境等因素的变化而发生转变。还有一些学生的认知风格本身既有场依存型的特点，又有场独立型的特点。

2. “审慎型”与“冲动型”

“审慎型”与“冲动型”这对相对的概念最早是由学者卡根等人在 1964 年提出的。它主要是指在不稳定的情况下，个体做出判断和决定时在速度上存在的差异。

“概念化速度”存在着非常明显的个体差异，主要可以分为两种不同类型：一类是“认知冲动型”；另一类是“认知审慎型”。

审慎型和冲动型认知方式是用一种叫作“熟悉图案配对测验”的方法来进行测试的。测试时，实验者出示一个标准图案与数个相互之间有一点细微差别的相似图案，要求受试者从模仿图案中挑出一个与标准图案匹配的图案。反应时间长于平均值而错误低于平均值的受试者属于审慎型，反应时间短于平均值而错误高于平均值的受试者属于冲动型。

（二）不同认知风格的英语课堂教学的策略

教师要积极采用和学生的认知风格相适应的教学策略，只有这样，学生的潜在能力才能被激发出来，其优势也才能得到彰显，取得较好的教学和学习效果。

1. 场依存型学习者的英语课堂教学策略

场依存型学习者指的是对学习环境的依赖性比较强的学习者。针对此类学习者，教师就需要使用情感策略来对其进行训练。当场依存型学习者在学习中遇到困难的时候，教师要对其进行适当的疏导，做好心理辅导和情绪上的控制；当场依存型学习者取得了一点成就的时候，教师要对其进行表扬和鼓励，这样能在一定程度上激发其学习的热情和信心。

在英语阅读和听力教学中，教师可以积极组织场依存型学习者进行小组的合作训练，这样能把其自身的社交优势更好地发挥出来。在口语教学的课堂中，教师并不用过于担心场依存型学习者，因为他们可以借助自身的比较优秀的社交能力来和教师、学生进行口语上的交流。与此同时，他们也会对英语角和英语演讲比赛之类的活动非常感兴趣，并且积极参与其中。

2. 场独立型学习者的英语课堂教学策略

场独立型学习者指的是很难受到外界环境的影响，具有相对独立性，但是并不是很了解社会上信息的学习者。场独立型学习者往往对某一事物有自身的见解，并且很擅长对自己的学习进行指导，所以，教师并不需要在他们身上投入太多的时间和精力用以激发他们的学习兴趣和动机。

在这里，我们以阅读教学作为例子进行分析。场独立型学习者对于文章中的细节是非常关注的，并且能牢记在脑海中，但是，其通常很难把握文章的主题。通常情况下，教师可以先让学生把文章阅读一遍，然后积极指导学生对文章进行分段分析，这样的话，学生可以借助各个段落的关键词语和中心思想来对整篇文章的主题进行提炼和总结。除此之外，场独立型学习者还对句子结构的分析和理解非常感兴趣，这样一来，教师就需要对这一情况进行合理运用，从而把学生的优点发挥出来。

3. 审慎型学习者的英语课堂教学策略

审慎型学习者指的是在对问题进行处理的时候，思维非常缜密，不会把答案轻易地给出来的学习者。与冲动型和发散型学习者相比较，审慎型学习者在学习上所花费的时间和精力都要多得多，但是，其准确性也更高。

在英语阅读课堂教学中，教师可以让审慎型学习者对文章的中心思想进行概括和总结，对作者的写作目的进行揣摩，并且对文章所展现的问题进行进一步的升华，也可以对相关的信息进行一定的知识建构。在英语听力课堂教学中，审慎型学习者并不会很快地把听力材料的主要内容复述出来，而是会在纸上把主要的内容写出来。这个时候，教师要把更多的发言的机会留给他们，积极鼓励学生和教师多做交流和沟通，激发学生回答问题的积极性，使他们主动参与课堂的学习。

四、学习策略与高校英语教学

（一）学习策略的含义、分类和影响因素

1. 学习策略的含义

到目前为止，人们对语言学习策略含义的理解可谓是仁者见仁、智者见智，并没有完全一致的看法。不同的研究人员对语言学习策略的定义都是从不同的角度进行分析的。

斯特恩认为，我们通常把语言学习者使用方法总体上的特点叫作策略，把用来对可以看得见的行为进行描述的具体形式叫作技巧。

鲁宾认为，所谓的语言学习策略指的是对于学习者自我建构有一定推动作用的语言系统发展策略，这样的策略对语言的发展具有积极的作用。

查莫特认为，所谓的语言学习策略指的是，为了使学习的效果得以提高，也为了能使语言的形式和内容容易回忆，学生所应该采用的技巧或者是方法。

奥克斯福德认为，所谓的语言学习策略指的是，学习者要想更加成功、更加自主、更加愉快地开展语言学习，而所应该采取的行动。

埃利斯指出，每个学者对语言学习策略的定义各不相同。其不同主要体现在以下四个方面：

（1）策略指的是一种可以看得见的行为，还是一种心理活动，抑或是这两种都包括在内。

（2）策略指的是一个人学习语言的方法总体上的特点，还是在进行某一项具体任务的时候所使用的技巧。

（3）策略是不是涵盖在学习者的意识之中。

（4）策略是不是对语言的发展具有直接性的作用。

在中国，文秋芳对学习策略的贡献是非常显著的，从20世纪90年代中期开始，其就已经对语言学习策略进行了较为广泛的研究。

文秋芳认为，所谓的英语学习策略指的是，学生为了把英语学好所采取的相关的行动。这样的策略主要分为以下几种：

（1）形式操练策略，也就是学习者在进行英语学习的时候，为了学好语言方面的知识所进行的各种各样的学习活动，例如，刻意地对英语单词、语法等知识进行关注，还比较重视语言的准确性。

（2）功能操练策略，指的是学生为了获取一定的信息所开展的一系列学习活动，如观看英语电视、阅读英语报纸杂志等。这一策略关注的重点是通过对英语大量的接触和应用自然而然地学到一些新的英语知识。

（3）母语策略，指的是借助于翻译的方式来对学习英语的各项技巧进行掌握。

（4）管理策略，指的是为了对英语学习活动进行有效的安排和组织所采取的行动，既包括学习的计划，也包括对学习情况的评估和监控。

2. 学习策略的影响因素

（1）学习者个体差异：从学习者的个体差异方面来看。文登发现，强调学习重要性的学习者倾向于使用认知策略，而强调语言运用的学习者则较少运用学习策略，基本上只依靠交际策略。从年龄来看，人们发现年纪小的儿童使用的策略较简单，而年纪大的学习者使用策略则较为复杂。

（2）社会因素：从社会因素的角度来看，学习者学习的语言和开展语言学习的环境都会对学习策略产生一定的影响。

在课堂上进行语言学习和在自然环境下开展的语言学习所使用学习策略是有很大不同的。例如，课堂环境中的学习者极少使用社交策略，也许这是因为课堂环境中的交流为学习者提供的使用社交策略的机会较少。

（二）第二语言学习策略

1. 第二语言学习策略的特点

所谓的第二语言学习策略指的是学习者在学习第二语言的过程中所使用的较为普遍的方法和比较具体的行为或者是技巧。

学习者使用学习策略来对语言学习中的问题进行解决，因此，一般情况下，学习者都能知道自己所使用的学习策略，并且也明白自己所使用的学习策略由哪些部分组成。学习者既可以使用语言行为策略，也可以使用非语言行为策略——身体语言。

因为学习策略既可以是行为上的，也可以是心理上的，因此，有的学习策略是可以看得见的，有的学习策略是看不见的。

学习策略可以直接作用于对第二语言的学习，也可以间接地作用于对第二语言的学习。直接作用表现在对单词和语法规则的识记上，间接作用体现在对材料的提供上。

因为所开展的学习任务不一样，每个人的喜好也不一样，所以，在具体使用学习策略的时候，也会展现出一定的差异性。

2. 第二语言学习策略对外语教学的指导意义

现在，中国各种各样的外语教学都在对素质教育进行大力倡导，要求外语教师把对学生的获取知识、运用知识、分析问题、独立解决问题等方面的能力放在重要的位置。由此我们可以看出，在开展外语课堂教学的时候，教师要对策略培训进行积极的组织，对学生独立、有效使用学习策略的能力进行培养，这样才能真正提升学生的外语能力。

在中国，外语教学主要存在这样的两个问题。

（1）很多中国的教师并没有意识到语言学习策略的重要意义，因而不能把相关学习策略理论方面的知识传授给学习者。所以，教师必须不断调整自己的思想观念，把学习策略看作教学内容的一部分，以此对学生进行指导。在进行教学的时候，教师除了对学科知识进行讲授以外，还要把学习策略的培养贯穿教学过程的始终。

（2）学习者并不是很了解学习策略，也很难对自己的学习方法进行有效的评估，并且学习的目的也基本都是讲求实用的，这一系列的因素对学习的效果产生了严重的影响。所以，在开展英语教学的时候，其中一个很重要的内容就是对学习策略的培训，还要对学生的自主意识进行培养，指导学生对自己的学习方法进行总结和评价，最终促进学习效率的提高。

教师要有效地学习并研究学习策略，这对其了解学生学习策略的有效性有重要影响。学习策略是否有效，会受到很多因素的影响，如年龄、观念等。不同的学习者使用同一种学习策略的效果是不一样的，这已经得到了相关研究的证实。所以，在开展外语教学的时候，外语教师需要对学生自身的特点有所了解，还要让学生对自己使用的学习策略进行评价，从而选择适合自己的学习策略，最终提高学习外语的效率。开展语言教学，其任务是多方面的，既包括对学生的语言和语用能力进行培养，还包括培养学生语言学习策略的能力，从而加快语言学习的进程。

（三）学生英语教学和学习策略共同创新的要求

英语可以使大学生的知识不断丰富，还可以使其素质不断得到提升。在目前的教学体系之下，我们要对教学环境不断进行优化，从而把更多的学习策略提供给学生，这一点是非常重要的。所以，我们要不断优化英语教学的过程，让学生在英语教学创新的环境下得以成长成才，只有这样，才能使高等院校的教学体系在最佳状态下运行。

（1）立足教学和学习的实际需要：在对大学英语教学进行创新的时候，我们需要把现在教学形式的变化考虑在内，借助教育信息技术的优点，使其为教师和学生所用，为教育所用，从而不断促进英语教学的创新发展。

我们要把学生放在基础性的地位上，积极促进学生的综合学习。增强对服务思维的认识，把学生的阅读和学习需要放在首位，使用多种多样的、精准的信息来对学生各式各样的学习需要进行服务。

（2）立足学生技能应用的实质需要：大学阶段是一个非常重要的阶段，在这一阶段，学生把自己所掌握的英语知识进行综合性的转化，也在把自己所掌握的基础知识转化为具有实用性的技巧。

高等院校的学生学习英语知识主要是为了形成一定的思维和文化，而并不是简单意义上的进行各种考试。在学习过程中，学生应借助文化把所学习的英语知识转化为一定的英语技巧。大学期间，学生学习英语的时候，经常遇到一些很有趣的教学内容，这些内容让学生不只是获得了学习的趣味性，还把所学的知识和实际结合起来，缩小了不同语言环境的差异性。

所以，在开展英语教学的时候，教师要把趣味性和实用性结合起来，积极引导学生理解英语知识，最终促进教学的有效开展。

第四章　自主学习理论与应用

第一节　外语自主学习相关理论

长期以来，外国研究者们一直认为关于自主学习和方法的理论基础来自于西方文化。李特尔·伍德等研究者根据集体主义和社会互助精神对力量和权威所持的看法，以及人们对责任和自由的价值观念，详尽论述了在以儒家思想为典型的东亚地区文明下人们的基本价值观，并指出对学习者自由没有任何限制。但同时，更多的中国学者则倾向于这样的理解：学习者自由在世界各种文明中都是存在的，只不过形态上和实际存在的条件不同罢了。

为进一步抓住外语自主学习的实质，本章有必要简要地总结国外语言自主学习与外语自主学习理念和实际研究的历史脉络。

一、国外自主学习研究

（一）国外自主学习思想所形成的新思想背景

苏格拉底是国外第一个明确提出自主学习思想的哲人，他指出，知识无法经由移植或是透过教育直接植入学习者的内心，所以，老师的任务并非传递真理，也不是提供真理，只是指导与协助学习者积极主动地思索、自发地寻找答案。柏拉图与亚里士多德则延续了苏格拉底对于自主学习的思考。柏拉图特别重视在阅读中的自身反省，而亚里士多德则重视在阅读过程中的自身监视与自身调整，而伽利略也表达了同样的思想，他觉得，自身并无法教会别人什么，而只有帮助其去发现。

近代的教学论创始人夸美纽斯也明确论述了儿童自主学习思想，并指出，老师要重视儿童的学习兴趣，不要采取强迫和体罚的方式强制儿童学习，要通过一切可能的教育措施调动儿童的积极性，以引导儿童自主学习。他将复杂的教学原则精简为三个：

（1）坚持循序渐进，从简至繁、自我反省。

（2）要让学生亲身感受，不能让儿童在成年之前放弃本属于自己的权利。

（3）要重视学生，使其按照自己的意志办事。夸美纽斯主义将学习者的自主学习与自发探究，放在了课程的核心地位。

德国著名教育哲学家第斯多惠，也将培养学生自主学习的自由意志与才能当作评价一切教学法的最高准则。他反对注入式的课堂教学，而主张通过启发式课堂教学，诱导学生发现科学知识、了解科学技术，并促使学生自己探索新学问。

自然主义教学思想家卢梭也特别关注自主学习，主张老师不需要规定孩子的学习任务，反对填鸭式教育，并倡导由老师为孩子的有效学习活动提供情境，给孩子以启发与引导，培育教学乐趣，引导其自我练习，并培养孩子独立判断和独立思考的习惯。他指出，培养孩子主动学习能力的关键在于怎样充分调动他们的自主学习积极性、怎样培育他们的自主学习方式，并在《爱弥儿》中具体表述了这一思想。

问题不在于教给孩子的科学，而在于使孩子有热爱科学的欲望，并且在这个好奇心充分成长起来的同时，教给孩子以探索科学的途径。无疑，这是所有良好家庭教育的一条重要准则。

卢梭从课程论的视角给出了能够训练学生自主学习能力的基本教育原则，同时，他还从课程理论的视角给出了一个重要准则——学习者必须要为自身的学习能力负责，这就是自主学习的核心。卢梭还指出，自主学习能力是与生俱来的，但是当学习过程“被机构化”了以后，这种力量就遭到了压缩。而杜威等进步主义教育哲学思想家都承袭了卢梭的思路，对自主学习的理论与现实都产生了影响。

（二）研究国外自主学习思想及其形成的重要理论依据

行为主义社会心理学正逐步被人本主义心理学和建构主义心理学所取代，这给自主学习提供了更为完善的理论，并推动着高等教育理论的发展，而现代教学理念也与教育课程论变革和自主学习概念的产生有着十分紧密的联系。Wolff 的观念代表着对建构主义学习理论中关于自主学习的理解，Wolff 指出："读书是一个积极主动性的方式，它应该由使用者自己实现。学习者可以在其所拥有的资料中建立对自我的认识，所以，教学也可看作是一个自我创造性建立的阶段。"Ivan Illich 则指出："绝对部分教学是在自然情况下完成的，即便是目标十分确定的教学也不是计划教育的结果。"所以真正意义上的教学是一个为适应个人需求而完成的自觉活动。我国从 20 世纪中叶开始大力提倡"以学生"的教学模式，其根源就在现代高等教育的这场革命当中，价值导向愈来愈注重"怎样学"，也愈来愈重视学习者。德国当代解放教育学与批判建构性教育论的重要奠基人 Klafki，也曾主张："把大学教育范畴内教学的主次关系扭转过去，从教师的教转移到学生的学上。他们必须在老师的指导下，掌握各种认识、判断、评价、活动的能力，并学会自己去进行学习的能力。"这正是批判建构教学论主张的发现式教学方法。人本主义教育思想指出，教学人员（老师、班级负责人）、教育部门（中小学校）、教育管理单位都要确立"以人为核心"的教育理念，赋予学生们更多的了解、关心、诚实和尊重，始终都把他们的需求和利益摆在主要地位，作为教学的参与者，创造利于自主学习（单独教学、研究学习、合作学习）的良好氛围；尽力协助学生们将知识与现实生活经验结合一起，进行更有意义的学习活动；为学生的学习问题提出指导和意见；不但为学生们创造学习的资源，还为使用者创造了人才（即能调动积极性、增强学习能力、协助他们克服学习困难的人）。学习者和老师都要成为课堂教学的积极倡导者，首先要建立科学的教育理念，深刻认识"直观教学活动"和"间接方式课堂教学"的全面社会经济价值和含义，并合理解决二者的关系，促进学习活动总体目标、社会人文情感总体目标和心灵力量总体目标的发展，达到"人人素质教育"的总体目标。

不管人本主义教育学还是建构主义教育学都一致主张，培育大学生的自主学习意识是中国现代高等教育所应承担的历史使命，现代社会的飞速发展将使大学生应对日益多变的未来社会，自主学习的意识更是不可或缺的，这将有助于大学生拓展自身的生活方式，这是自主学习意识在教育哲学上的重要价值存在。

（三）国外自主学习理论研究成果概览

20世纪60年代，维果斯基的言语自我指导学说在西欧获得了广泛认可，随着人本主义社会心理学的出现，认知心理学也得以快速发展，这种事件推动了自主学习研究的深入开展，使其逐渐步入了系统科学的研究阶段，并形成了教育心理学研究的一个主要领域。当前海外的自主学习研究正十分活跃，研究者们也从各个角度对自主学习理论作了比较系统的研究，庞维国教授根据他们所研究的理论基础，可粗略将海外自主学习理论区分为如下七个学派：

（1）以斯金纳为代表的操作行为主义理论学派。

（2）以罗杰斯为代表的新人本主义理论学派。

（3）以温内为代表的信息加工理论学派。

（4）以班德拉、申克和齐莫曼为领军人物的新社会学习方法学派。

（5）以科尔和考诺为主要代表的意志理论学派。

（6）麦肯鲍姆等人以维果斯基学说为主要研究依据建立的言语自我指导学派。

（7）以皮亚杰思想为代表的新认知建构主义流派。

虽然各个流派的理论依据和观点各不相同，但是他们都在致力于回答如下五个问题：

（1）激发学生主动学习的动力是什么。

（2）通过怎样的过程，学生就获得了对学习的自我意识和自主反应。

（3）自主学习者利用什么样的关键步骤来完成自己的学习目标。

（4）社会与物质环境如何影响学习者的自主学习。

（5）学生如何获得自主学习能力。

以上五个问题也是目前国内外自主学习理论和应用研究的方向和焦点。可以说，只有从理论和实践上解决了这五个关键问题，才能使自主学习的实现成为可能。

二、国内外语自主学习研究和应用的工作述评

（一）国内外语自主学习研究内容述评

1. 基于外语自主学习的综合性研究

徐锦芬的《大学外语自主学习理论与实践》、刘向红的《大学英语自主学习理论研究与实践》基本上是根据关于自主学习，尤其是对语言自主学习的成果做出了总结，并就与大学英语自主学习密切相关的重要社会问题做了深入研究。王艳萍和高鹏用行为探究的方式对大学英语自主学习开展了整体探究。《促进学习者自主探索》基本上是介绍了在一家普通医学院校内开展的一个学年的大班课堂环境下，学习群体自主性的培养项目，突出了自主学习的实用性，并且兼顾了基础知识和实用性。《外语自主式教学模式研究与实践：讲述我这八年的行动研究》大量使用了可描写性语句，并采用一种非常松散的写作手法，从比较教育学的角度对中国外语自主学习的具体问题展开了探究，其目标是传递中国外语自主式教学方法在我国推行过程中的理论与实际内容、价值与意义，而高鹏的成果在这些探究中质量也相当高。

2. 教师与外语自主学习的关系

华维芬将自主学习模式下的教师作用分成两种：指导自己学习行为的教育辅导员与促进者。在自主学习教育环境下，教师作为教育辅导员一般从以下三个层面作用：一是支持学习者读书，让学习者具备更多的知识技能，读书也更加自由；二是帮助学习者理解某一种知识，并帮助学习者确定内容和学习方向；三是帮助学习者在自主学习中掌握知识，并帮助学习者理解自主学习中的知识结构与特点。在主动学习条件下，作为促进者的教师可以起到两种互补角色的作用：一是进行心理的帮助，如：

（1）教育者具备优秀的自身素养，可以推动其良好心理素质的建立与培养。

（2）可以启发学习者的积极性，引导学习者承担义务、减少不确定性，也有助于学习者战胜障碍。

（3）有条件地帮助学习者，培养其自主学习意识。

作为促进者的教师，其另一种角色是作为技术支持，分为三个方面的工作：

（1）通过协助学生分析学习情况和语言需要、明确学习目标、制订学习规划、选用学习材料、参加交际活动等方式，帮助学生制订行动计划和进行自主学习。

（2）帮助学生自主评价，以及与同辈群体的互评等。

（3）有助于培养学习者的语言和学习意识，并帮助学生掌握必备的专业知识和专业技能。

徐锦芬把传统自主学习方式下的老师角色，提升为学生认知行为的指导人、推动者、合作伙伴和协同者；谭红以推动者、咨询顾问、释疑者、自学人、心理评估师、研究者、心理“医生”这几个角度，来说明在自主学习前提下的心理教师职责任务。陆杨、余晓兰等学者也都做过同样的探讨，结果也基本一致。

以上学者都在此基础上研究了老师在通常意义上的完全自主学习中的角色，但部分学者也将研究的焦点投向了在网络教学条件下完全自主学习中的老师。刘萍等人针对在网络条件下学习者进行完全自主学习中所存在的难点问题展开了研究，并关于如何引导、监控和管理在网络条件下的大学英语自主学习问题给老师们提供了具体意见，并对上述建议的正确性做出了证明。庄建华教授以江苏工商大学进行的“Interaction Between English Dormitory Activity and Classroom Teaching”（简写 IEDC）研究项目为个案，将教室内部的学生自主学习问题联系到了一起，对班主任怎样提升班级自主学习能力、培养学生自主学习能力、激励学生动机等问题，提出了较为具体化的指导意见。此两项研究成果，是目前为数不多的以理论与实验为基础的有关班主任作用的理论。

龚嵘以社会建构主义思想为基础，以哲学思辨的研究方式探讨了在学校与英语等自主式课堂模式中的老师作用，在微观方面则研究了老师如何以学习者为核心中介，在课堂与教学环境中的多种互动关系，包括了学习者与课堂目标、学习者与学习材料，以及学习者与老师之间的互动关系。尽管龚嵘所确认的很多教育角色都和其他研究者之间存在着不少交叉之处，不过，以“中介”的视角更能准确体现自主学习中教师角色的最基本特征，“交互”观更能反映语文教学本身的实际性质。而高艳也从教育发展研究的角度，探讨了语文教师的中介角色。

国内关于自主学习中教师角色的论述，虽然所介绍的形式不同，但内容却大体一致，基本上从自主学习的不同角度为参照，判断老师角色应当是什么样的，但有着明显翻译后再综合整理的痕迹，鲜有将我国外语自主学习所产生的现实环境为参照系来阐释老师角色的力作。造成这样局面的根本原因是由于当时我国外语自主学习的实际情况尚处在摸索当中，教学经验内涵还没有丰富，尚不能建立固定而卓有成效的实验教学模式，也很难在实践中提出体现我国自主学习特色的实际教学操作经验和基本理论架构，因此老师角色定位上也就缺乏了可靠依据。①

尽管中外研究者对于教师自主的含义各执一词，但有一点几乎得到了普遍认同：教师自主是促进学习者自主的重要因素，与教师自主相关研究也是国内研究的重要话题。高吉利等在总结国外研究的基础上，给出了国内外语自主学习条件和老师自主性的指标，以此为依据，通过实验研究的方式对高校英语老师的自主性行为展开了研究探讨，发现大学英语教师的自主能力总体不强，现实堪忧。陈颖通过调查问卷和深度访问的方式，针对高校教师自主权与学习者主动教育的相互关系开展了实证性调查，结果表明高校教师的主动教育对学习者主动学习能力产生正面影响，而高校教师通过与学习者实现情感互动产生的自主权教育力量对发挥学习者的主动学习能力负面影响较大，基于此，进而探究了实现老师自主权课程的新路径。安琦教授通过访谈的定性研究方式，对某院校英语专业的青年教师和高校英语专业老师自主教学情况作了深入研究，认为教师职业发展才能是老师自主教学的客观前提，因此只有当老师掌握了教师职业发展才能，且学生发展具备了客观条件，老师自主教学才会变成可能。

3. 训练学生外语及自主学习技能的基本策略研究

徐锦芬等结合国内学者对自主性学习水平的研究，根据中国高校英语教学情况的特征，对高校英语自主性学习水平进行了研究，并以此为依据开发出高校英语自主性学习水平的评估指标，以定量定性相结合的方式对中国非英语专业本科生的英语自主性学习水平进行了研究。郭继荣、戴炜栋等从学习者、老师和环境三个层面建立了自主学习评估指标体系，经过研究与实验研究表明，目前中国大学生在学习模式、学习策略选择、学习内容选择、学习目的和动机、学习成果评价、过程管理、学习反思和能力提升等领域都已基本形成了自主学习的潜能。在调研中发现，老师和环境都在其自主学习过程中发挥着一定的促进作用。

① 陈细竹，苏远芸. 大学英语教学模式的革新与发展研究［M］. 吉林人民出版社，2021.

经过对近年来中国国内外语自主学习的研究文献整理，人们不难看到，中国国内外大多数有关提高语言学习者自主性的研究成果实际还是处于“学习者训练”的研究领域，强调语言学习策略，特别是元认知知识与元认知策略的训练。Victori 和 Lockhart 认为，“学习者训练”的教学内容应当涵盖元认知策略、知识策略和元认知知识资源，使语言学习者可以明确自身的学习要求和学习目标，为达到学习目标选用适当的语言学习材料和学习资源，通过监测学习过程，评估学习成果，有助于学习者建立合理的语言学习态度，并掌握与语言学习有关的基础知识，让学生知道自身的学习风格、倾向，以及自身关于掌握语言的信心与希望。由此可见，国内大多数关于提高语言学习者自主性的研究还是在 Victori 和 Lockhart 的框架下进行的。

（二）国内外语自主学习研究方法述评

国内外语自主学习的思维方式也相对地较为单调，且大多以思辨性问题为主，这在一定程度上也限制了国内外语自主学习内容的开展，以下简单点评如下：

1. 思辨性研究方法

对于外语自主学习问题，特别是早期问题，大都采取了思辨探索的方式方法。尽管这一类资料都运用了思辨性的研究手段，不过，由于很多资料内部结构之间缺乏一定的逻辑联系，还存在着寻章摘句、缀句成文的可能性，因此思辨性的研究手段还有一个共同的缺陷——所提观点缺乏系统化和可操作性，尚处在理论引介阶段。此外，套用外国理论指导中国本土文化教育的特点也很突出，所依据的原理缺乏对本土教育实际的检验。

2. 实证性研究方法

通过实验探究的方式，就如何训练主动学习能力开展了试验，不过这些研究者基本上都不能做后续研究成果，也无法对自己的试验成果加以检验，更无法建立并不断完善研究方式和知识系统。

另外，在二〇〇四年以前，多数实验分析研究的篇章结构和思辨性文章趋同，基本架构为“自主学习的定义—培养自主学习能力的必要性（意义）—实验及实验结论—问题与建议”，而杨学忠的实验科研方式有了进步，更加重视对试验方案设计、实践步骤的阐述，对试验结论的剖析也更深刻、更详尽，这表明用实验手段开展的行动研究已经更加完善。高鹏、王艳萍的教育专著中采用了实验探究的方式，根据他们的教育经验对自主学习理论展开了综合性探究。王艳萍的科研期限仅仅一学年，而高鹏的科研则延续了八年之久，合理性与可信度自然也应有所区别。

3. 文献研究与实证性研究的综合应用

主要通过文献资料与实验探究的方式对外语自主学习开展了整体性探索。文献研究内容主要就有关自主学习，特别是语言自主学习方面的研究进行了综述式的阐述，在实证部分则对与中国高校英语自主学习有关的现象进行了探讨。

（三）国内外语自主学习研究视角述评

从思想根源上来看，上述探讨基本都是在社会认知主义心理学的引领下进行的，致力于对影响自主学习能力发展的、产生于中国学习者本身的内在原因的研究，而肖庚生与徐锦芬则从（社会）建构主义理论角度出发，研究了社会积极互赖心理与自主学习能力的相互作用，并探讨了影响中国学习者主体性产生和成长的内因与外因。他还指出，积极的价值互赖与资源互赖之间具有明显的正相关关系，而资源互赖对于主动学习能力的培养也尤为重要。我相信，母语学习者的特点就决定了母语学习者离不开资源交互与价值的协商，所以，（社会）建构主义研究视角对外语的主动认知能力发展来说非常关键，而且也十分需要。

二战结束后，因为政策与教育因素，大批的外来人口流向了欧美国家，在客观上造成了规模宏大的语言教学需要，而科学技术的快速发展也为自主学习提供了较为充足的条件和机会，而一般意义上的自主学习理论研究又为外语自主学习的发展提供了理论依据，外语自主学习也因此如火如荼地发展了起来。在外语自主学习过程中，对自主学习的一般理论研究与具体课程的自主学习在教学实践中自然而然地形成了一体化的内在诉求，对自主学习的理论探索也随之而来，直到目前，自主学习的理论探索与实验探究一直是欧美语言教学研究与教育心理学探索中的重中之重。

第二节　外语自主学习的再定义

人们对于自主学习在语言教学和语言学习方面所发挥的重要作用和意义已经达成了广泛共识，但是，对于自主学习本质的认识却各执一词，就如何定义外语自主学习也难于达成一致。学者们从不同的视角出发，对语言自主学习进行了不同的界定。

一、影响外语自主学习定义的主要因素

为了更好地理解外语自主学习的本质和自主学习的定义，我们有必要了解外语自主学习理论和实践的发展过程、自主学习发生的环境、自主学习程度的差异性和自主学习表现形式的多样性，因为这些都是影响对自主学习本质认识，以及为自主学习定义的重要因素。

（一）国外外语自主学习研究的三个阶段

1. 满足课堂外学习外语的自主学习

Allwright 认为，自主学习理念与语言教学法的剧烈变革息息相关。20 世纪 60 年代末至 70 年代初，法国南希大学的语言教学与研究中心（CRAPEL）在 Yves Chalon 和 Henri Holec 的主持下，突破传统教学形式和教学理念的拘囿，利用资料中心在成人学生中开展了自主式的教学与研究。学习者根据自己的外语水平、爱好、时间、学习需求选择适合自己的学习材料、学习方式、学习进度、学习时间和学习地点，制订学习计划，监控学习效果，这种教学形式既不同于以往传统课堂上由学校规定语言教学大纲和教材、由老师安排教学进度的教学模式，又不同于函授课程中学习者依照既定的教材自行安排学习进度的学习方式。受此启发，欧洲委员会在 1971 年启动“现代语言项目”，主要致力于对移民中的工人进行语言培训，试图将“终身教育原则”应用于语言教学领域。欧洲各国和美国的语言教育机构也相继效仿，采取较为灵活的办学模式和教学方式提供教育服务，满足大量成人学习者的不同学习需求。

语言自主学习的早期尝试背离了传统课堂教学范式，为那些没有时间、没有机会、没有兴趣参加正规课堂学习的人们提供语言学习机会。这一创新之举引起了自主学习研究的第一次热潮。

2. 满足课堂内学习外语的自主学习

自主学习最早用于成人教育实践，但是目前世界范围内的各类学校都在吸收自主学习的理念，并将其应用于教育教学实践。20 世纪 90 年代，如何有效在学校课堂教学中开展自主学习引起了自主学习研究的第二次热潮，但是，Allwright 认为，要把自主学习理念用于课堂教学，有必要对自主学习进行重新定义。Allwright 认为，学生对课堂教学的影响是不可预知的，学生活动甚至会迫使教师的教学计划暂时“偏离”既定轨道；Dickinson 认为，学生课堂上的认知和行为常常具有一定的“独立性”；Dam 也认为，不必对学习者进行正式培训，也不必借助于自主学习中心，中学课堂教学就完全可以融入自主学习的理念；Littlewood 于 1991 年出版了著作，他在书中强调自主学习者的心理特质，从建构主义的视角审视自主学习，认为学习过程中的“互赖”比“独立”更重要。Littlewood 认为，学习者自主不一定非要以某种实践模式得到体现，能否实现学习者自主关键取决于教师和学习者之间就教学法问题展开对话的质量，Littlewood 对于自主学习本质的认识显然带有后现代主义课程观的色彩。

3. 适应外语自便学习中心和计算机辅助外语教学的自主学习

20 世纪 90 年代，自主学习中心迅速普及，近年来，各种借助于计算机的教学模式和学习模式得到了快速发展，Allwright 提出的对语言教学法进行重构的激进思想已然变成了现实，世界很多国家和地区对传统语言课堂和语言课程都进行了重新构建，这个巨大变化引起了人们对自主学习越来越浓厚的兴趣。值得注意的是，这个巨变模糊了课堂自主学习和课外自主学习的界限，也致使自主学习在语言教与学中的作用变得越来越复杂。

（二）外语自主学习发生的环境

直到 20 世纪 90 年代以前，语言教育中的自主学习一直关注的是自便学习中心里发生的自我定向学习，尽管从 20 世纪 90 年代开始，自主学习开始在课堂教学中应用，但是，20 世纪 90 年代大批建设的自便学习中心使得在其中进行的自主学习仍然是关注的焦点。进入 21 世纪，自便学习中心的地位在关于学习者自主学习的文献中逐渐削弱，但这并不意味着学习者的自主学习开始向课堂教学转向。不过，有一个事实也的确值得关注：越来越难把课堂里的自主学习和课堂外的自主学习泾渭分明地区分开来，两者融合之势渐趋明显。

进入 20 世纪，语言学习逐渐被机构化，人们普遍认为，语言可以在教室里自然而然地习得，自便学习中心从创建伊始就被视作教室的另一种存在形式，是习得语言的场所。到了 20 世纪 90 年代，世界很多地方都把自便学习中心作为实现语言学习机构化的常用手段，自便学习中心连同其他变通形式对“课堂内语言学习”这一司空见惯的语言学习方式提出了挑战。根据已有文献，这些变通方式主要包括：

1. 自便学习中心

David Gardner 和 Lindsay Miller 于 1999 年合作出版的专著中比较详尽地介绍了自便学习中心的建设、运行和管理。围绕自便学习中心的研究主要涉及三个问题：

（1）如何使自便学习中心在教师支持缺失的情况下依然能为自主学习服务？

（2）渐渐淡化了自便学习中心的组织结构研究，越来越关注如何把自便学习中心的学习与课程设计有机结合起来。

（3）如何使自便学习中心提供的咨询成为一种有效的教学形式。

2. 计算机辅助语言学习（CALL）

随着互联网时代的到来，计算机在机构化和非机构化的语言学习中发挥了举足轻重的作用，这个领域的研究成果十分丰富，主要关注三个问题：

（1）计算机辅助语言学习为自主学习提供了怎样的机会。

（2）计算机辅助语言学习对教学模式和学习方式的影响。

（3）在计算机辅助语言学习技术的使用和发展过程中，关注自主学习的重要意义。

3. 远程教育中的语言学习

远程教育发展迅速，针对远程教育中语言学习的研究也日益增多，自主学习自然是不变的主题，很多研究者从不同角度对远程教育中的语言自主学习进行了广泛研究。远程教育中的语言学习是借助于“在线学习”“网络学校”“异步学习网络”“远程通信技术”等概念与计算机辅助教学同时出现的，也是影响现代教育手段的主要因素。

4. 自修

按照 Phil Benson 的观点，自修的概念有广义和狭义之分。在自主学习研究兴起之初，自修确实占有一席之地，20 世纪 90 年代以来，无论是广义的自修还是狭义的自修都很少有人涉及，著述也不多，Murray、Murray&Kojima 对完全自修学生的学习经历做了描述，这些研究以更宽广的视野审视自修，认为只要学习者坚持，自修能够有效促进自主学习的发展。

目前争论的一个焦点是：课堂外的语言学习方式为学习者创设了从事自主学习的情境和前提，也需要学习者具备一定的自主学习意识和能力，可是，迄今为止，还没有充分证据能够证明这些学习方式在实现学习预期的同时是否有效促进了学习者自主学习能力的提升。但有一点是确定无疑的，针对这些语言学习方式进行的研究得出了一个共同结论：教师的指导和支持在课堂外的语言学习情境中仍然十分重要。

（三）学习者自主程度的差异性

20 世纪 90 年代末，很多研究者提出一种观点，认为学习者自主在程度上存在差异性，当然，划分的标准并不统一，可谓见仁见智，概括起来，主要有八种意见：

（1）Nunan 把学习者自主分为“意识”“参与”“干预”“创造”和“超越”五个层次，力图在语言学习的框架下揭示学习者自主发展活动的先后顺序。

（2）Littlewood 依据学习者自主发展的三个阶段，用三个维度（语言习得、学习方法和个人发展）对其进行了解释：在语言习得情境中，学习者自主是指在真实的、不可预知的情境中独立使用语言表达个人观点的能力，也称之为交际者自主；在课堂教学中，学习者自主是指学习者能为自己的学习承担责任、积极使用学习策略的能力，也称为“学习者自主”；在更广阔的情境中，学习者自主则是指学习者作为个体更为强大的总体能力，这是学习者自主的更高层级目标，也被称为“人的自主”。

（3）Macaro 也提出了一个类似的“三阶段”假说，把学习者自主分为语言能力自主、语言学习能力自主和选择与行为自主。

（4）Scharle 和 Szabo 也把学习者自主的发展分为三个阶段，即“增强意识”“改变态度”和“迁移作用”。

（5）Sinclair 把自主性分为个人自主和社会自主两大类别。

Phil Benson 认为，学者们所做的分类旨在描述可能存在的学习者自主从低级向高级发展的过程，也与两种思潮有关：其一，将自主学习融入语言教育中去；其二，确认在哪一个层级上，不必通过激进的教育改革就能促进自主学习的发展，自主学习的发展空间有多大。Phil Benson 引用 Nunan 和 Littlewood 的观点来证明自己的判断，Nunan 认为，他对于学习者自主层级的划分示范了如何将学习者自主通过一种常态化的方式融入平时的教学中。Nunan 认为，能把学习者自主推行到何种程度受制于语言“教”与“学”发生的语境和环境。Littlewood 认为，尽管很多研究者认为唯有前摄自主才有意义，但后摄自主是通往前摄自主的有效途径，理应受到重视。

所有分层模式都认为，学习者自主的发展与语言的熟练程度相关，Phil Benson 援引 Kumaravadivelu 的观点表达了不同的意见。Kumaravadivelu 认为，自主学习发展的各个阶段主要是由特定任务的语言要求和交际要求决定的，因而，在自主学习的初级阶段、中级阶段、高级阶段同语言学习的初始阶段、中级阶段和高级阶段之间建立相互联系是没有道理的。

（四）自主学习体现形式的多样性

（1）Phil Benson 率先提出“自主学习体现形式多样性”的观点，分别用“技术型自主”“心理型自主”和“政治型自主”来描述语言教育领域中自主学习的主要体现形式；Oxford 在 Phil Benson 分类的基础上，又补充了“社会文化型自主”。

（2）O'Rourke 和 Schwienborst 把学习者自主划分为“个体—认知自主”、“社会—互动自主”和“探究—参与自主”。

（3）Ribe 把学习者自主区分为“趋同自主”、“趋异—趋同自主”和“趋同—趋异自主”三种形式，Ribe 把“趋同自主”作为实现他人主导的共同课程要求的一种手段，而把“趋异自主”作为实现不同语言课程要求的开放性手段，因为“趋异自主”提供了更多的选择。

（4）Smith 只是把学习者自主粗略划分为“显性自主”和“隐性自主”。“隐性自主”是指学生目前暂时缺失的一种能力，因此才需要训练；“显性自主”是指学生已经具备了一定程度的自主能力，教师应该和学生共同努力，创设一种理想的条件使学生已经具有的自主能力得到发挥和施展。

（5）Kumaravadivelu 也采用了类似的方法，把学习者自主大略划分为“广义自主”和“狭义自主”。

Phil Benson 认为，因为上述每一种分类方式都把主流观点和较为激进的观点区分开来，所以学者们分类的目的也和“把学习者自主融入语言教育中”的努力有关。

二、国内关于外语自主学习概念研究评述

国内研究者主要从以下几个角度揭示了外语自主学习的本质，力图对外语自主学习进行科学合理的解释和界定。

（一）外语自主学习的“过程观”和“方式观”

李红美从学习的维度和过程的角度来理解自主学习，从学习的维度看，自主学习实际上是指学习者主动对学习的各维度做出选择、控制和调节的一种学习方式；从学习的过程来看，自主学习实际上是指学习者自觉主动地确定学习目标、营造学习环境、选择学习方法、监控学习过程、评价学习结果的过程。这个定义实际是庞维国关于自主学习教育学定义的翻版，缺少了外语学科的基本元素。范捷平对于外语自主学习的本质也持有“过程观”的思想，认为外语自主学习是学习者一种有意识地计划、监控、实行、测试和反思的学习过程。不是由教师，而是由外语学习者根据各自不同的需求、学习动机和学习目标，积极主动、具有创建性地独立决定自己的学习内容、学习方法、学习过程和学习形式。

（二）外语自主学习的“策略观”

董奇等研究者把自主学习称为自我监控的学习，认为自主学习可分为三方面：一是能事先安排、计划自己的学习活动，二是能对自己的学习活动进行监

督、评价和反馈，三是能对自己的学习活动进行调节、修正和控制。从这个定义的三个维度的内容来看，实际上把自主学习简单等同于语言学习者策略了，这显然不能反映外语自主学习的所有本质属性。

（三）外语自主学习的“环境观”

张殿玉借鉴了多种关于自主学习的定义，并结合外语学习的特殊性，对外语自主学习的概念做出了如下论述：“自主学习是学习者外部环境和内部环境协调统一的结果。外部环境由教师、教学设施和语料构成，对内部环境有促进作用，是实现自主学习的前提条件和物质基础。内部环境则蕴藏着学习者的态度和能力。”Brown 认为，态度是指学习者对自己、对他人以及对母语文化或目标语文化看法的一部分。态度是学习者自主学习的情感动力，积极的态度可以增强学习动机。

在外语学习中，学习者对自己扮演角色的态度和对自己能力所持的态度至关重要。能力关系到学习者是否能够分析自身的语言需求，利用元认知策略确定切实可行的目标，为达到目标制定学习计划、选择语料及活动方式，在无人监管的情况下运用直接学习策略独立学习并对自己的进步做出评估。

张殿玉的概念从学习的社会属性角度出发探究其本质，这本身是科学合理的，但问题在于：这样的表述不是规范的定义形式。此外，缺少逻辑上的合理性和论述上的严密性。首先，教师是构成外部环境的一部分，但不是物质基础，教师主要是借助于“教师自主”或者“自主教学”对自主学习产生影响的，当然，教师对自主学习的态度也会对学生的自主学习产生影响；最重要的是，该“定义”中的态度承载的意义兼具“语言态度”和“社会/情感策略”的双重含义，社会/情感策略和元认知策略同属于 Malley&Chamot 的学习策略分类体系，而直接学习策略隶属于 Oxford 的语言学习策略体系，学习策略类别交错繁杂，不如统一用 Oxford 的策略分类体系来表述，即用间接学习策略（包括元认知策略、情感策略和社会策略）和直接学习策略（包括记忆策略、认知策略和补偿策略）来表述。

（四）外语自主学习的“能力观”

华维芬认为，所谓自主学习就是学生要学会独立自主地学习，掌握自我确定学习目标、选择学习材料、评估学习进程和结果等一系列的技能，教师在这个学习模式中主要起辅导和促进的作用。华维芬进一步修正了外语自主学习的内涵，将其定义为：在语言教学领域，“学习者自主”指学习者自我负责管理语言学习的能力，也就是学习者能够自己决定学习目标、确定学习内容和进度、选择学习方法和技巧、监控习得过程及自我评估学习效果。从两次定义中不难看出，华维芬始终坚持认为自主学习的本质是学习者本身具有的一种能力。徐锦芬在参考国外相关文献的基础上，结合我国英语教学特点，从五个维度对我国英语教学环境下大学生自主性英语学习能力做了概括：

（1）了解教师的教学目的与要求。

（2）确立学习目标与制定学习计划。

（3）有效使用学习策略。

（4）监控学习策略的使用情况。

（5）监控与评估英语学习过程。

这些定义看待自主学习的视角各不相同，在看待学习者实现自主学习应该具备的自身条件和外部条件（或外部环境）的关系上也存在差异。范捷平等人认为学习者自身因素和外部因素的共同作用影响自主学习，并决定了自主学习实现的程度。同时，我们也发现，对于学习者自身条件和学习者所处的环境的看法与研究者所持视角没有必然联系，比如，李红美和范捷平同持“过程观”，但对学习者自身条件和学习者所处环境的关系看法却有所不同。①

三、学习环境与外语自主学习的再定义

我们应该把应对外部环境、积极利用外部学习条件的能力纳入定义外语自主学习的维度中来，因为学习是在社会环境下发生的，带有明显的社会属性，在学习“被机构化”之后，其社会化的属性就更加明显，有效学习的发生离不开外部条件的支持，始终受到外部环境的制约。我们从学习论、二语习得理论和自主学习理论这三个角度对此予以说明：

① 朱飞. 大学英语教学中的翻转课堂［M］. 长春：吉林大学出版社，2020.

（一）环境与学习的关系——学习论的视角

认知主义学习理论摒弃了行为主义学习理论的藩篱，认为学习过程绝对不是简单地在强化条件下形成刺激与反应的联结，而是学习者获得经验的过程，是通过积极主动的内部信息加工活动形成新的认知结构的过程。认知主义学习理论重视考察学习者在学习过程中心理结构发生的变化，也同样强调外部条件和外部环境的重要性，认为学习者生活环境中发生的事件是影响学习的主要因素。一个发展的个人，无论在家庭里、在地理环境中、在学校内以及在各种社会环境中，所经历的事件都将决定他或她所学习的东西，而且在很大程度上将决定他或她将变成哪一类的人。学习是在很大程度上依赖于个人与环境相互作用的事件。

以皮亚杰为代表的认知建构主义学习理论在“学习与环境”的关系问题上所持观点与以加涅为代表的信息加工理论十分相似，认为发展就是个体在与环境的不断相互作用中的一种建构过程。个体通过同化、顺应和平衡不断改变和形成直觉世界的心理图式。认知建构主义学习理论发展了认知主义学习理论，明确地把学习者个体和外部环境置于学习的两端。以维果斯基为代表的社会建构主义学习理论又把认知建构主义学习理论推进了一步，认为知识的获得不单单是通过个体自己主动建构的，更注重社会性的客观知识在个体主观知识建构过程中的中介作用，更重视社会的微观环境和宏观环境与自我的内部建构、信仰和认知之间的相互作用。

人本主义学习理论也特别重视环境对于学习的影响，主张营造一种相互理解和相互支持、没有等级评分，鼓励自我评价的学习环境，这样的环境能促进学习，这种观点在卡尔·罗杰斯的《自由学习》中表达得淋漓尽致。

即便是行为主义学习理论也很重视环境因素在学习中的作用。行为主义教育理论以客观主义认识论为理论基础，外部环境对学习具有制约作用是行为主义教育理论对“环境与学习”关系的一个基本判断。这个判断在行为主义的不同流派中亦有所体现。斯金纳发展了巴普洛夫的经典条件反射理论，不再过于强调“刺激”和“反应性条件”，强调由操作引起反应后再予以强化，重点在于反应，在操作性行为中，有机体主动作用于环境。

综上，我们不难理解，以上主要学习理论都承认环境与学习行为、学习者认知心理结构和学习的有效性之间存在着联系，唯一的区别在于是强调环境对于学习行为、学习者认知心理结构和学习有效性的单向影响，还是强调相互间的双向影响，但这并不妨碍我们得出以下结论：环境是影响学习、甚至是决定有效学习的主要因素之一。

（二）环境与学习的关系——二语习得理论的视角

二语学习环境论强调环境因素对语言习得的影响，否定先天因素的作用，试图用学习者的外部变量（即环境因素）来解释语言习得过程。Schumann 提出的文化适应模式最能代表二语学习环境论的观点。文化适应模式以社会学和心理学为理论基础，认为二语习得的成败取决于学习者的学习动机（即学习者的交际需要和文化适应程度），学习者适应目的语社团文化的程度决定了习得第二语言的程度，习得第二语言是适应目的语文化的一个方面。

文化适应是指某一群体的语言、文化和价值观在与另一群体接触时发生的顺向变化。文化适应模式认为二语习得的难易程度是由学习者所学语言文化之间的社会距离和心理距离决定的，距离越近，第二语言就越容易习得。社会距离是学习者在与第二语言文化的社会成员接触时产生的，在第二语言习得中起着重要作用。心理距离则是由学习者的个人因素引起的，只有在社会距离不明显时才显露出来。这两种距离都在特定的社会环境中影响学习者第二语言习得的效果，决定学习者接触或使用第二语言的数量和开放程度。

值得注意的是，文化适应模式所指动机似乎是指融入性动机，而非工具性动机，这里所说环境也应该是狭义的二语环境，并非外语环境。众所周知，对于生活和居住在我国境内的中国人而言，英语是外语而非第二语言，这样看来，对于国内的英语教学而言，文化适应模式似乎没有指导意义。需要强调的是，文化适应模式中所指环境是指语言环境，而普通教育学中影响学习、甚至于决定有效学习的“环境”是指（包括语言学习环境在内的）学习发生的教育环境，即广义的大环境，包括社会文化制度、教育制度与传统、课程要求、师资队伍、信息技术的发展水平与应用等与学习相关的一切因素。

二战结束后，以英国美国为主的同盟国取得了战争胜利，自 20 世纪 50～60 年代起，英语作为世界通用语言得到了越来越广泛的使用，各种语言教学流派应运而生，交际法因为能够照顾到整个教学环境及社会和学习者的需求尤其受到追捧，因为人们逐渐认识到，语言课程的设计和实施如果要取得成功，除了要考虑学习者的需求以外，还要考虑很多其他因素。Jack C. Richards 把这些因素统一归类为教学环境，包括社会、课程本身、相关机构、教师、学生等因素，环境分析有时被认为是需求分析的一部分，有时被当作对课程进行的一种评估，预测课程实施的外部条件是环境分析的主要目的之一，环境评估已经成为语言课程设计的必要环节和重要组成部分。

我们研究的一个问题是：如何控制和改变教育环境，尽量克服“外语环境”给英语学习带来的困难和障碍，营造无限接近“二语环境”的语言学习环境，促进学习者语言应用能力和跨文化交际能力的发展。

（三）环境与学习的关系——自主学习理论的视角

“社会和物质环境如何影响学生的自主学习”是国外自主学习研究各个流派力图回答的五个热点问题之一。

Holec 把学习者自主定义为“学习者为自己的学习负责任的能力”，即学习者有能力制定学习计划、选择学习材料、监控学习过程并且有能力对自己的学习做出自我评价。不过，Holec 并不认为这种特质是与生俱来的，而是通过自然途径或专门训练获得的。他强调，学习者自主必须具备两个条件：一是学习者有能力并愿意对其学习进行管理；二是其拥有使用这种能力的可能性。从很多学者的解释判断，Holec 所说的“可能性”指客观环境有没有赋予学习者发挥自主能力的条件。

Esch 认为，要促进学习者自主就要为其营造适宜的环境，使其（至少暂时）能为全部或部分的语言学习活动承担责任，帮助（而不是阻碍）他更好地行使自主权。

Ryan 认为自主性通常在以人际关系为基础的“促进性环境”中能够得到充分发展。

Rebecca L. Oxford 用“千面英雄”来描述在不同文化、不同时代、不同地域表现各异的独立学习的存在形态，她认为特定社会文化背景中占主导地位的态度、价值观念和信仰都会对独立学习者产生影响。一些学者把自主学习和独立学习看作是一对同义词，可以交替使用，我们可以据此得出以下结论：特定社会文化背景中的态度、价值观念和信仰对自主学习会产生影响。

Bergen在自己的著作中也把学习者自主看作学习者具有的一种以能力形式体现出来的特质。他认为，为了满足个人学习需求、实现学习目标，自主学习者愿意并且有能力对自己的学习进行自我管理，同时也愿意作为一个富有社会责任感的人与他人协作，能不断增强对学习目的和过程的意识，能经常反省自己的学习行为，而且能在其一生中任何阶段的学习环境或情形下运用这种知识。Lee提出了影响自主学习的四个因素：自愿程度、灵活程度、教师支持程度以及同伴支持程度。学习者“能不能运用这种知识”和“教师支持程度以及同伴支持程度”一样都会受到“学习环境或情形”的影响和制约。

庞维国也把“能够主动营造有利于学习的物质和社会性条件”作为横向评价标准衡量学生的学习是否是自主的。

张彦君、束定芳都把“学习者应该被给予大量的机会去锻炼自己负责自己学习的能力”一作为定义学习者自主的一个维度。

（四）外语自主学习的再定义

从以上讨论中，我们可以得出一个结论：主动营造有利于自主学习的物质条件和社会条件的能力应该作为定义“自主学习”的一个重要维度，如果不能主动适应，并努力施加影响，积极为开展自主学习创造条件，即便学习者自己有自主学习的愿望、也有自主学习的能力，当外部条件不能很好支持的环境里，这种愿望和能力就会受到压制，不能（至少不能充分）得到发挥。基于此，我们从学习者自主“能力观”的视角出发，把外语自主学习定义为：学习者具有的与语言学习密切相关的一种意识和能力，包括主动为自己的语言学习承担责任的意愿、能够有效使用语言学习策略、并能主动创造和利用有利于外语学习的物质条件和社会条件以掌握目标语的能力。

关于本定义的三点说明：

（1）“能力观”的维度之争：以Holec和Bergen为代表人物的“能力观”没有把“主动营造有利于外语学习的物质条件和社会条件以掌握目标语的能力”作为定义“外语学习者自主”的维度，笔者认为，Holec和Bergen等西方学者的研究主要针对的是二语环境中的语言自主学习，而“第二语言学习环境”是最有利于母语以外的其他语言学习的物质条件和社会条件，所以，优化外部条件、营造语言自主学习环境的能力就显得不是十分重要，至少没有在“外语环境”中重要，因此，没有把优化条件、营造环境的能力作为定义学习者自主的维度，也正因为如此，华维芬、徐锦芬的定义不是很适合我们国内英语作为外语的学习环境。

（2）学习者影响外部环境的能力和程度问题：王小萍认为自主学习者能够“自我创设学习环境”，有点夸大了学习者自身的能力；张彦君、束定芳也许是从“环境观”的角度认为“学习者应该被给予大量机会去锻炼自己负责自己学习的能力”，在其定义前两个维度的参照下，我们似乎可以得出以下结论：学习者面对自己所处于的环境似乎只能被动接受，无法对环境施加影响，更无改变的可能性；庞维国认为自主学习者“能够主动营造有利于学习的物质和社会性条件”、李红美认为自主学习者能够“营造学习环境”是对学习者与外部指向性条件之间关系比较合理的描述。

（3）Bernard Spolsky 认为，在构建第二语言学习理论的时候一定要结合具体的社会语境。语言学习是个人的事情，但是语言学习是在社会中发生的，虽然有些社会因素不会直接对语言学习产生直接影响，但其间接影响十分明显，而且可以测量，这样的建议对于外语学习环境中的学习活动来说意义更大。

尽管中国自古就拥有深厚的自主学习理念和内容丰富的自主学习实践活动，但是，近现代以来由于教育机构化、社会化程度的不断加深，特别是清朝末年洋务运动的兴起，出于“师夷长技以制夷”和富国强兵的现实需要，功利主义教育思潮日渐盛行。特别是中华人民共和国成立后，中国社会百废待兴，为满足社会主义建设的需要，照搬了苏联的教育模式，功利主义价值观在中国社会和中国教育的各个层面进一步得到强化，“以成绩论优劣，以考试定终生”的人才选拔方式更是雪上加霜，直接教育的理念和“以教师为中心”的教学方法自然成了学校的首选，自主学习几乎丧失了存在的空间和前提。

随着改革开放程度的不断深化，中国教育在不断与国际教育接轨和融合，在发达国家教育系统的反衬下，直接教育的弊端日渐凸显，自主学习、合作学习和探究式学习的价值再次引起国内教育界的关注，人类知识在以几何式速度迅猛增长。提倡实现终身学习，建立学习型社会的同时，也呼唤自主学习理念的回归，《国家中长期教育改革和发展规划纲要2010—2020》把培养学生的自主学习能力作为一项具有战略意义的教育目标。

就学校教育而言，这一战略目标能否实现在很大程度上取决于能否把自主学习的理念体现在课程设计中，能否把自主学习意识和自主学习能力的培养作为课程的教学目标，能否在教学的全过程全面贯彻“以学习者为中心”的原则，千方百计采取一切措施为自主学习提供全方位支持，营造良好的语言学习环境和条件。

本节简要介绍了影响外语自主学习定义的四个主要因素，即不同发展阶段自主学习的目的和形态各不相同，自主学习发生的环境也千差万别，学习者的自主程度存在很大差异性，自主学习的体现形式也呈现多样化的特点。这些因素相互作用致使研究者难于对自主学习的本质和定义取得共识，于是国外就存在外语自主学习的“情境观”、外语自主学习的“能力观”和外语自主学习的“心理观”之争，国内也出现了外语自主学习“策略观”、外语自主学习“环境观”、外语自主学习“能力观”、具有折中特点的外语自主学习“综合观”，以及外语自主学习“过程观”和“方式观”的辩论。我们从“学习与环境”关系的角度论述了外部社会环境和客观物质条件对于学习的影响，把利用“外部指向性条件”的能力作为定义自主学习的一个维度，把自主学习定义为：学习者具有的与语言学习密切相关的一种意识和能力，包括主动为自己的语言学习承担责任的意愿、能够有效使用语言学习策略，并能主动营造有利于外语学习的物质条件和社会条件以掌握目标语的能力。

第三节　大学英语自主学习教学策略研究

一、学校对英语自主学习教学策略的选择和使用

（一）关于高校英语自主学习课程的建设研究

授课是一种有意义的、有意识的实践，在教育前后，老师均需作好必要的预

备管理工作，在大脑中为书面授课做好一些规划。充足的上课前预备管理工作是高效率上课的前提，由于学校一届届更新，授课知识点也一天天更新，老师即便讲授了相同课程，也仍须仔细备课，以提高课堂的针对性，有助于降低老师上课时的不确定感，从而寻找一些方向感、自信感和安全感，也有助于老师借此过程进行预习、查阅和组织学习材料，并确定时限和过程次序；制订规划，还可能直观使用于授课。在此过程中我们可以从授课的基本要素：目标、内容、教师行为和组织形态，开始对准备的课堂教学策略展开研究。

1. 确定了学校英语自主学习的课程目标，教师在活动之前，如何做好规划，大致有两个不同的教学取向：一个是“整合计划”教学模式；另一个方法是“教学目标—手段详细计划”的教学模式。如果我们采用第二种教学模式，是一个技术型、策略性的教学取向，首先将宽泛的教育目的逐步地划分为具体化的目标，而后再按照详细的目标，筛选、组合内容，并选用恰当的教育行为、教学组合形式，生成详尽的教学计划，即教案。

大学英语教学体系即以英语语言的基础知识与使用技巧、留学政策与跨文化沟通为主体教学内容，以现代外语教学理念为导向，并融各种教学模式与方法于一身的课程结构。大学英语专业的主要课程目标是通过培养大学生语言的运用技巧，尤其是听讲技巧，使他们在今后工作留学、日常生活，以及国外社会交际中可以有效运用语言并高效地完成口头与文字上的信息沟通任务，并提升其自主学习能力和整体素质，从而满足国家经济社会发展与国际交流的需求。课堂教学目标是老师开展课堂教学的标准。课堂教学目标和学生们的学习任务必须是一致的，并通过让他们对其接受和完全掌握，使他们参与任务的制订，培养其积极性。

我国教育部制订的《大学英语课程教学要求》把大学层次的英语教学需要分成三个阶段，即普通需要、较高等需要和更高等需要。这三种不同层次的能力要求，是指中国各类高等学校对非英语专业本科生进行大学阶段的英语学习和实验需要达成的英语水平目标，其一般要求也是指每位高校毕业生所需要实现的目标。

2. 在高校英语教学中教学材料的加工：不论是自行编写教学学习内容的老师，或是按照已规定好的教学内容实施课程的老师，教师按照课程的意图或目标对所有可获得的教学材料加以编写、研究与分析，都是教师进行教学准备工作中所不能缺少的环节。而教学素材则是指课程的某种形态的载体。教学是学校实施课程标准和确定教育目标的关键保障。为打好语言基础，训练学生语言运用能力，提升学生文化素质，利用教材为学校课堂教学活动提供了良好的话语样本和有系统性、有针对性的语言实验教学活动的材料。老师们要充分运用课本所提供的话语材料，组织好课堂活动和引导学生课外语言自学。

此外，外语教学系的老师可以通过集中备课方式，根据课程大纲和教学计划，对所教学科知识的重要性以及对应学习者的需求、兴趣爱好、技能情况以及在其知识与思维习惯的特点进一步认识的基础上，集中众人的才智共同制定与补充课程的配套教材与补充课程，针对具体课程内容的特点，确定并安排相应课程，从而使这些课程更好地适应于自己课程的情况。结合信息化工具，在课堂教学中将通过音、像、图文的形式向学生展示内容，给课堂有效的帮助与补充。其版式设计色彩鲜明，教学内容接近现代生活，围绕学习者这个主题向外延伸，使学习者在完成某个单元时知道自己可以做多少，在相同的场景该如何进行读和写，在不知不觉中培养听说能力，减少可能出现的心理困难和听说障碍。相反，传统课本也比较容易给学习者一种比较呆板的感觉：一张图片、一条生字表、几个习题，由于色彩比较单调，且排版简单，学习者不但对其不感兴趣，其对英语学习的积极性也会下降。教学视频和课本有机的融合，向我们介绍了日常生活中方方面面的内容，提出了许多和我们的现实生活相关的问题，有助于提高他们对语言学习的应用水平。

3. 活动的选择：按照教育计划及教师意愿，教师对课程做出选择和确定的处理之后，还需要思考确定怎样的活动才是合理的。评价教师教学行为的主要依据：

（1）教育目标或教学意向：每种课程，都要针对认识领域、情感领域或者动作技术领域，有相应的目标或教育意向，而进行何种教育活动则要和教学领域或要达到的教学水平联系在一起考虑。在推进高校英语自主学习课程中，学校重点关注学习者的主体性，教师以指导形式为学生创造学习情境，并创设教学条件，让学习者积极地参加课堂教学，以提高学生英语的综合能力运用。

（2）认真的学生：他们是课程的基础，课程的合理组织取决于他们的活动。

所选用的方式应与他们的认识能力、认知水平的方式相符合，当某一种方式符合他们的水平、需求与兴趣爱好后，会觉得非常自如，而且教学效果良好。他们的认识能力已具备成熟和全面的学习策略，他们自己已是其活动的参与者和主要推动者及控制者，在教学方法上对自主性需求较多，对其所选用的方式也要进行考虑。

（3）在进行环境教学的研究中，就必须将环境因素也包括在内。如可用的空间和各种信息技术手段等。

4. 教学组织形式的设计

教学组织形式是指在课堂教学中老师和学生为达成教育目标，而采取的社会组织形式。

与学校课堂活动的密切衔接，共同考虑。学校课堂形式基本包括三种，一种为学校班级形式，通常称为小组授课制；一种是分组教学形式；一种是个别教学组织形式，可选择与各种教学组织形式相结合的方法，并针对学校实际教学情况，可进行下列的教学方法组合策略。①

（1）分级课程：根据《大学英语课程教学要求》，中国大学各个阶段的英语课堂需要三个阶段，课堂将面对着变革的任务，即以学习者之间客观存在的差异性为前提条件，重新设计各个发展阶段的课程，并变革教学方法，让每位学习者都在最有利于自身的学习环境中得到最好的发挥机会。在实际课堂教学中，既要关心起点较低的学习者，也要让基础较好的学习者都有发挥的空间；既能使学习者奠定坚实的语言基础，又要训练学习者较强的语言实践运用能力；既要确保学习者在整个大学阶段内的英语语言水平稳定提升，又要促进学习者个别化的语言教学，以适应学生在各种不同的学科发展需求。

根据学习者英文基础差异很大的实际状况，在信息技术条件下开展大学英语自主学习课程时，可从每个学生起步就实行“分层教育”，即在每个学生入校后实行英语分级测试，并按照考试总分和他们听力方面的成就，以及个人学习结果实行分班授课。把学校分成一等、二等和预备两级共三种等级，即 LeveL1、LeveL2、Pre－LeveL2（下面简写 L1、L2、PreL2）。其中 L1 面向英语水平一般的学生，L2 面向英

① 冯建平. 新时代大学英语教学研究［M］. 长春：吉林大学出版社，2020.

语水平优秀的学生，PreL2 面向语言水平较差的学生。各班级规模定在五十人以内。若学校每级规模不足一个班，可跨院系编班，突破常规学校英语课堂中按学科组课的束缚。各个层级有差异的教育目标和教学方法，预计四学年内，L1 的毕业生可完成本科的英语专业一、二、三、四级的学业；L2 年级学生将进行本科的英语专业二、三、四级的复习以及二门英语限选课的教学活动。两门英语限选课均在第四年级完成，英语专业限选课教学将按照国家教育部的《大学英语课程教学要求（试用）》中对学生的较多规定，并将结合本校学科特点和学生实际需要来开展，内容包括本科的英语专业 5、6 级，以及英语专业中、高级口语、翻译与作文等。在校生完成本科英语专业四级的学业后可以完成英语专业限选课的学业；PreL2 毕业生可完成本科预备级英语专业一、二、三、四级的学业。切实坚持因材施教，帮助有水平的孩子向更高要求发展。学校分层后实行滚动培养，定期调整，实行“滚动制”，对 L1 和 L2 中学业优秀、拔尖的孩子，在完成规定的网上学校课程内容后，可以获得提前进行该等级考核的资格。口试、实习评估分数均取得本级别优秀，可优先进入上一等级的学习。每一学期进行一次微调，在期末考试时，成绩较突出的学生可以进行跳级，而成绩很差的学生则要降级。

（2）大学英语自主选修课的体系设计：建立大学英语基本综合类选修课和全校高校英语专业基础选择学科的课程体系，这种课程体系除了包含常规的面授教学以外，还重视发展基于互联网平台的高校英语课堂体系，把综合语言类、语言知识类、语言运用类、语言艺术类，以及专科英文等的必考学科与选修学科有机的融合，以建立一种全新的高校英语课堂结构，从而保证了各个阶段的学习者在语言运用水平上能够获得充分的锻炼与提升。

促进学校的英语自主学习课程中，学生每周学时数要保持在七个课时，并通过班级面授与自由阅读的相结合方法完成教学活动。而课堂面授的教学内容则由两个具体课型组成。其中听、读、译的大课程实行小班教学，能够由老师同时给多个学生讲课，通常一周安排两课时，并以老师提示课程难度、要点，给学生串讲文章的形式，以帮助学生迅速熟悉知识，并全面掌握各卷篇章的文化含义，进而培养学生英语朗读、书写以及英汉互译的基本技能；学生可按照不同程度将每课时间分成三组，平均每组学生十二人左右，每周对每一组学生进行一次面授培训。这个方法有利于班级个别化教学，有助于增强班级同学相互启发和协同练习，以学生互动，老师引导的形式，结合各单元知识和网上的信息进行话题探究或互动练习，着力训练和增强学生口语表达能力；教师对他们在课下网络自学的时间与情况进行督促检查，以及时了解他们网络的学习效果，并答疑解难，个别指导学生，并依据他们的学习效果判断他们是否能够持续学习。另外，该校还为自主学习中心配备了语音输入输出等设备，向学生提供了上机进行的听讲、操作等练习机会，为学生提供了自主学习环境。这种方式使得学习者拥有比前两个组织方式更为灵活的学习进程与时间控制。

5. 课件的形成——教案，是为教学而提供的书面计划

它本身包含的问题不少，除了上面所阐述的各个方面，还涉及教材的基本原则问题和对课堂问题的分析，要求老师结合内容与目标，做出科学合理的设置。

（二）大学英语自主学习教学实施策略

教学实施战略是学校完成课堂教学目标的重要阶段，包括了多种形式的教学策略，教学实施战略的选取应当以课程理论为基础，既要满足课程、教材目标的特点，也要符合课程对象的特性，还必须兼顾在一定的课程情景中的必要性与可行性。下文将从一般性对策与具体策略两方面对在信息化环境下促进高校英语自主学习教育具体对策的选取和运用展开剖析。

1. 普遍性策略

普遍性策略是指教师应用于不同课型的方法，学生不仅读、讲还要作文，又或者是复习，都离不开老师的组织教学活动；老师都有必要通过不同的方法启发学生，从而成为教师活动的主要部分；提问也是在所有课堂上都无法避免的课堂行为。在我们这里可以把普遍性政策从组织战略、激励策略和解决问题战略几个方面展开论述：

（1）组织者方法：课堂组织者是有效实现课堂目标的一个关键方面。缺乏老师的合理安排，一切教学活动就无法产生相应的效果。老师就必须学会相应的方式与手段，合理安排课堂时间，合理地掌握课堂教学情况，使课堂顺利进行。课堂中，老师最主要的工作就是“创造有利于学生自主学习的环境”。而现代外语教学思想的发展，使我们对外国英语的教学和中国英语的教育都有了全新的理

解。而交际课程的发展，以及人本主义思想的应用，将学校推向了整个课堂教学的中心，使老师的重要作用进一步发生，老师将成为整个课堂中的主要参加者、控股股东、测试者、激发者、参与者和消息源。而课堂教学组织也必须选用恰当的互动方式，因为课堂教学中的交互方式是整个课堂教学的主体。而交互方式也决定了学习者的语言活动水平。而互动方式是否恰当，运用语言是否恰当等都将直接影响着课堂教学的组织。而课堂教学中的交互形式，通常包括以下四类：学校、组织、同伴、个人。不管采取何种形式，都要尽量使大学生投入到教学当中。

如在实施读写译课教学中，采用合组方式把二班的学生组合成一个班，利用多媒体教学课堂实现小班教学。教师授课时，结合课上提供的教学视频，采用文字、图片、视频、动漫以及音频等各种展示形式，突出课堂焦点，在限定的课堂时段内进行广泛和丰富的交流输入信息，从而拓展视野，大大增加了课堂内容，使学习者对各种感官信息进行了“刺激”，让头脑的两个半球都活跃了起来，进而加深记忆，增强教学效果。而听力及口语教学，则采用分组课堂的方式，在老师的引导下，结合各单元课文和网上的信息展开探究，让每一个学习者开口说英文，攻克了开口难的第一步，同时着力训练和增强学习者的口语和听力理解能力。

（2）激励策略：雅克博维次的调查结果表明，在影响第二语言习得的主要原因中动机因素占百分之三十三。所谓动机，即对一种活动有明显的目标并且为实现该目的而进行了相应的努力。第二语言学习者首先要有强烈的学习欲望，进而形成了学习动机，并进而付诸行动。在国内，高中生上学时是为高考而学，上大学后则是为应试而学。学生中的很大一部分人的动机都是工具性的、外在的、短期的被动动机。不少学生尽管能认识到在中国进入 WTO 后学习英文的重要意义，但因为没有综合性的、内在的、深层次主动性动机，而且平时也很用功，对英文学习并没有太高的要求。他们学英语专业的主要动机第一是希望在期末考试及格，然后能够进行英语四、六级测试，最后拿到四、六级的资格证书或者学历认证。学生没有顾及口语交流的要求和实践应用技能的训练。当英语学业中遇到困难时，学生没有及时、主动性地下功夫克服困难，只是寻求一种捷径躲避。积极性和外语成绩的关系十分紧密，所以，怎样培育和激活他们上英文课的积极性，是教师必须面对的一个重大的任务。

一种更完整的动力理论包含了三方面的要素，即动力的内部需求、外部原因以及自身中介作用。这样在将动机因素理解为自我调节的影响下，个人将自己的内在需要（如能力、需求和力量等）与行动的外在诱因（如任务、奖励等）相互协调，并由此产生了激励性、维持性行为的动机因素。这里将内在需要、外在诱因和自我调节三者关系理解为一种动机过程。

第一，个人内部需求的培育和激活。动机来源于个人的内部需要、内在觉醒状态。内部需求的产生与转化，是合理地培育与激活个人的内部需求的最主要渠道。个人的内部需要在与目标相互联系的情形下，将目标从一个基本需求状态转变为内部觉醒状态，从而产生带有一定能力与方向性的驱动力。而内部驱力则是行为的最直接动机。让学习者通过对其学习目标有一定的明确要求来提高学习者的内在觉醒状况，增强其学习者的内在驱力水平。如果具有这样内部动机的外语学习者拥有一定持续性，他会不受外部因素的影响，将全部精力集中在英语学习中。实际的教学活动中，老师要根据课堂教学，通过搜集有关的内容信息和资料信息获得途径，密切联系现实生活，为学生创造的语言情景或课下认识拓展活动提供理论支持。就这样，不断适应和调动学生的学习需求与兴趣。

第二，外在诱因的设计和利用。外在诱因一般是包括行为方式和奖励方式。在课堂中要按照孩子的特点设计教育任务，标准要略高于他们的知识能力，这样才能够激发他们学习的主动性。并将长远目标与近期任务相结合，使他们不断成功，在体验成功的基础上产生向长远目标努力的积极性。美国心理学家 Hurlockd 实验证明，鼓励对教学效果的影响大大超过了反馈方式（批评、训斥、忽视等）。课堂上对低于成绩或者试图回避错误的孩子，老师应多予以引导。老师的一个“Good”“OK”甚至点头、笑脸也能够发挥鼓励的效果。惩罚的意义就是解决他们在练习活动中产生的精力涣散和不注意，使他们尽量地躲避处罚，以便达到促进的目的。但处罚常常会伤害他们的自尊心，造成他们敌对心态，不能频繁应用。

第三，主动调节意识的培育。主动调节是联系和实现行为的内部原因和外部诱因的中介桥梁。在课堂教学中还应实施合理预测，预期是指通过个体对某行为方案所达成的可行性程度以及意义的预测，使个体在行为前就对活动的后果产生了解。而通过预测则可以调节自己的活动能力、心理活动水平等，从而使行为方案满足了个体的内心需求。在课堂教学时，还应适时对学生们进行学习效果的反馈，使他们及时地掌握自身的情况与成果，并得到适当的评估，以便于更好地控制自身的学习动机与学习活动效果。

第四，自我效能信心的建立。自我效能是指表现个人对自身的行为可以顺利地进行某种行为自信状态的心智功能，亦称为自信心。动力的欠缺，在很大程度上来源于信心的欠缺。利用自我效能信心可以直接确定个人完成某一行为的成败，并直接反映学习目标的确定，以及个人学习动机和各要素之间的配合情况。每位学习者都有证明自身水平的欲望，也就是通过这个欲望赋予了自己克服困难的毅力和坚持不懈的力量。课程中可由学习者自行制订评价自我水平的目标，并给予其新进生相应的补救性帮助，为杰出学生设计挑战性很高的任务。设置弹性评价过程，使杰出学生发现了自我的最高水平，让差生发现了自我的收获。让孩子感受成功，肯定他们学习的潜力，可以增强他们的自我效能意识，激活他们的学习驱动力。

第五，对结果失败归因方法的训练。所谓失败归因，是指个人对自身的其他活动结果所产生的错误分析或推断。在教学活动中，每位学习者都可以从自身的学习活动和成果中感受到成就与挫折，他们都可以找到不同的原因来解决自身的失败。原因是否正确，直接关系着学习者对自己的评估以及对学校的看法。如果学习者把其错误归于能力不济，他可能会缺乏自信；归结为方式错误，能力不足时，就会试着自己去做；当学习者将把成绩归于自身能力时，成功就会使其增强了信心；当归结为努力时，成功意味着问题的困难程度是适当的。所以，老师要使学习者感到“他们具备学习能力”。引导孩子个体在教学过程中注意总结学习中成功与失败的经验教训，获得成功的固然增添了自信，但失利的却不诿责于不可控的原因（运气不佳或学习能力差），而且客观找寻教学中的因素（如勤奋水平程度，教学策略运用状况）等，从而汲取教训，下一个就能学得更好，并养成了一个正确的归因心态。通过归因练习，可以克服学生的认知问题，并转变学生的归因方法，进而充分地调动学生的积极性。

兴趣爱好的开发和提高是人类动机中最现实和活泼的原因。他们的兴趣爱好内容，也能引起他们的求知愿望，形成巨大的学习激情。教师应充分发挥信息手段的优点，抓住他们关注点，引导他们投身于学习工作中，可以调动他们的兴趣爱好。

第一，创造良好的课堂气氛。通过大量已有的研究结果表明，良好的课堂气氛可以调动并保持学生的学习兴趣，鼓励他们主动学习。这里课堂教学氛围的营造，并不仅仅是一个利于求学的物理气氛，最关键的是要营造利于学生自主学习的教育环境。学生学习环境固然是阻碍的主要外因，但它却能够调动学生的学习兴趣，而老师对孩子的积极态度能够显著提升学生学习动机和学习成绩。而积极的教学气氛，又能够促进孩子对每个教学活动都产生浓厚兴趣，从而积极地投入整个教学活动之中，这也就是学生自主学习的主要特点。

第二，创造提问情景，调动认知积极性。提问情景是指无法直接用自身现有的知识来解决问题，而能够用间接方式运用自身知识来解决问题情景。就是在教学、生活实践和他们求知心理中形成一个认识冲突，以便将他们带到难题化解的环境中。引起他们的关注，引起兴趣和好奇心。

第三，发展学生第二课堂，我们自觉地挖掘和培育学生的兴趣爱好，争取让孩子的爱好由好玩、乐趣发展到志趣。语言第二课堂，是指为学习者在课外开展语言实践教学的活动创造条件与帮助。通过开展语言第二课堂，一方面让学习者可以结合课堂上的知识进行实践，从而增强语言实践应用技能，另一方面根据实际中的情况反过来帮助和激发课堂上知识，学和教彼此加强、相互推动。

开办学校的英文广播，将教育信息广播、英文诗歌朗诵、小对话、教育故事、学业指导等内容作为主要节目播出；建立专业的英文网站，为学习者搭建在线自学网站，丰富英语自主学习平台。老师可在网上设计题目，进行专题指导、翻译和鉴赏、作品和活动介绍等活动；引进并介绍经典外国影片，在真实情景中体验语言文化，推动语言氛围的形成；聘请国内著名高校专家学者演讲；组织外语比赛，包括演说、答辩、写作、词汇比赛等项目，进行一系列具有挑战性的活动，激励学生的积极性，提高其应用英文能力；组织英语口语广场、晚会联谊等活动，提高学生的口语交流能力的培养。

其四，通过培育师生间的积极感情态度，以激励学生对英语学习的热忱。热情这一情感态度具有巨大的心理推动力，对外语教学具有正面影响。因为成功的人际交往，能让学习者深刻地体验到安全感，频繁而高效的互动也能很好地激活学生在人群中的个人学习动机。透过创设轻松热情的课堂教学氛围，可以降低对学生的情感过滤高度，使师生间关系高度融洽，也有助于充分调动学生的学习兴趣。而师生间良好、公平的人际关系更有利于唤起学习者的自我意识，从而促进学生自主学习的顺利开展。利用信息技术，计算机能够“扮演”老师角色，比较耐心、公平，提供给学习者一个公平的信息环境，让学习者不会压抑，勇于冒险，大胆尝试，从而提高其成就感和学习英语的兴趣。

（3）问题策略：提问是课堂上最常见的学习策略之一，也是最具影响力的教育艺术。因为学习者只要产生了解谜的心理需要，求知欲与探究愿望就会驱动着他们去探究问题。而学生探究学习的积极性、主动性，也常常源自于产生问题的情景之中。教师通过创造问题情景，在课堂教学、教师生活实践和学习者求知心理活动之中形成了一个知识冲突，进而将学习者带到问题处理的情景之中。而询问、解答已经成了学校在英语课堂中最常用的一种语言形式，可以增进其与教师间的交流，激发他们的积极性。话题可以提高在活动中的参与性，经过对话题的调整，学生语言也会变得更加清晰易懂，对交互教学活动的进行有较大的推动作用。提问也是教师组织课堂的主要手法，适合于课堂的各个环节。

① 计划策略：为了让学生参与到课题研究，教师应提前明确问题的目的，根据课题要求来安排课题，并尽可能预测问题的正确答案。

② 问题设置方法：尽可能设置影响孩子思考的问题，对于他们的知识水平、逻辑思维、学习能力等具有相当的难度，对他们富有挑战性。对这些问题的恰当解决，对孩子的自信心和成长有着非常关键的意义。

③ 控制策略：在问题的过程中要有意识地改变问题形式，让问题从易到难，并具有一定层次性，以为他们留出考虑的时间。如果学生无法解答问题，老师调整问题，给出建议或指导他们寻找方法，就可能收获更好的效果。

④ 反馈策略：及时地对学生的问题及答案进行正确评价，也是对学生提问合理进行的重要保障。老师表扬、指导提出问题的学生，对学生能力肯定，或对学生良好表现之口头赞许，甚至是非语言性的动作、表情等都可让学生感受成功，激发其自信，从而使其迈向成熟。

针对学校教授英语的特殊性质和具体的课程，老师们把所学内容转换为不同形式的有实用价值的问题，并在学校网站/教师示范课程上展示，为学习者在课堂内外的研究性学习设置了起点。恰如布鲁纳所认为的“教学是一个分析和解决的连续进行的运动。”所以，我们应多给学生提供自由思维的空间。这就需要老师在授课过程中，善于利用多媒体系统指导学生的思维、探究、解题，但又不能束缚学生的思路，被动地跟着教师跑。

2. 具体教学策略

具体教学策略是指为了训练学习者听、讲、读、做技能的教育活动。本部分针对其涵盖的内容，从听和读教学方法和策略、口语和作文教学方式和策略及单词和句法教学策略等多个方面研究网络条件下的高校英语自主学习教学策略。

（1）听力与阅读教学策略：听力指听者通过积极主动性地接触说话对象，通过认知、过滤有益资料并存入更长期的记忆，逐渐拓展听觉途径的一种行为。心理语言学觉得翻译是一种信息加工的心理过程，人们能够通过借助视觉信息自下而上地对文中的字、词、句子等加以解码，从而逐步掌握了该文章的含义；同时他们还能够借助现有的历史资料，自上而下地分析信息。在写作活动中二者常交替结合运用。听和读写都是特定时代与历史条件的必然产物，都需要通过特定的历史条件和社会语境来真正理解内容。信息技术条件的大学英语教学是指通过运用以多媒体计算机为核心的信息技术条件和教学资源而形成的大学英语教育形式，讲授基于计算机技术的高校英语听读的知识、基本技能，以及训练学习者通过计算机技术获得必要的外文听读知识的基本技能和外文听读的技巧，让学习者在教学实践中体会计算机语言的丰厚内容，从而拓展学习者的语言思维范围以及语言知识的导入或输出。计算机技术的发达为多媒体技术辅助高校英语阅读教学创造了优越的条件。和传统印刷文字的阅读教学方式一样，多媒体技术也能够把文字信息与音频、图片等其他媒介融合，从而产生一些综合信息，以提高学习者读书的趣味。也因为多媒体技术还具有内置支持手段，如网络字典、在线词汇表、句子理解、电脑发音等功能，学习者可以更易于掌握阅读的材料。此外，多媒体辅助大学英文阅读教学的另一项优点，便是它的“可改变性”。学习者能够直接从计算机上，对电子文本进行修订、拷贝、重组；读书活动不仅是单向的沟通，更是一个文本之间和阅读间的沟通、谈话。这样双方的沟通，更易于实现学习者的自由读书。

由于读写与听均是接受、处理知识的能力和社会文化背景下理解力的作用，在针对这些能力的培养中，主要采取以下三个步骤：

① 建立、拓展图示策略：建立、拓展图示策略指在听、读教学的过程中，要训练学习者建立与听、读材料相关的背景认知，从而加深对篇章之间的联系、制约与认识。老师要创造机会以唤起学习者现有的背景认知，同时必须扩充与信息有关的背景认知。该策略大多应用在听、读教材的导入阶段。

在课堂教学过程中，对不同文化、不同价值观和不同道德规范之间加以比较，并运用现代技术的录像、声音、动画等效果以及实物、照片等以此构建图形，有助于学习者掌握有关听读材料，并为学习者提供有关的背景知识材料。如在讲读前，举办了若干以提供有关背景知识的课堂教学活动。学习者对有关讲读材料的背景知识了解得愈多，掌握的程度也越深刻。背景知识对英语语言水平较低的学习者而言，更为关键。这部分学习者往往由于对语音符号认知和句法结构认识的能力不足，使得他们经常按字词逐句地朗读而断断续续，但启动和组织的背景知识往往只属于较高级处理技术。因此，如果借助更丰富的背景知识材料，也能够克服上述缺点。信息技术也给我们在教育过程中，生动地表达或引入背景知识带来了方便。

② 训练学生听、读技巧，授之以渔策略：训练学生听、读技巧，授之以渔策略是指老师在听力和阅读的教学环节中要培养学习者，让他们学会使用有效的听力方法，从而增强听力能力。该方法在听说教学中以完成的形式实施。大学英语教学中的方法可以使用以下几个方法：

A. 猜测方法，是听人通过现有的历史资料及图式的方法，有效地推测所要听读信息的方法。

B. 寻读特殊信息，是一种方法让我们能够快速获取某一种或多个特殊信息的方法。

C. 略读材料大意，指无其他目的时，仅需掌握材料大意和中心思想。

D. 辨识功能、话语组织方法，是学习者通过辨识特殊符号，实现有选择性的听、说，提升聆听效果的方法。

E. 通过上下文推测的技能，即学习者对读书过程中所发现的词语和较复杂的语句能利用上下文推测其含义的技能。

③ 丰富语音的方法：语文课堂内容主要包括两大部分，即向学生提供语音输入类和引导他们使用语音类。词语输入靠听和读，词语使用靠说和读。输入输出密切联系，相互促进。通过读和说，提供的语音素材和知识信息越是丰富，就有助于输出的正确、顺畅和多样化。老师应积极搜集、选用适宜他们水平而不拘泥于课本，或语音地道正确的各种听读素材，给他们创造尽可能多的真实表达的环境，利用丰富的听、读过程培养他们的听读技能。在教育过程中，老师们可充分运用现代的新科学与技术方法，可通过讲英语小故事、幽默笑话，或演唱英文歌曲，以及用英文报道消息等方式来培养学生的听、写意识。

（2）口语与写作能力教学策略：口语与书写都是很重要的语言表达活动。口语教育的核心任务在于训练学习者以说、写方式获取信息，互相交流信息。学生开口说英文的主要问题是心理问题，如羞涩、害怕犯错、没有自信等。解决心理问题有效的办法是提供简单、快乐的课堂气氛，引导他们勇于说话。

① 巧妙解决语言问题策略，是我们必须建立科学的语言问题理论，正确对待学生语言上存在的问题，根据各个时期、各种情况指导并帮助他们改错。老师应适时引导他们发现自己的进步，予以激励。许多学者指出，害怕出错的孩子常常在口语训练时保持沉默，或者在写作文时机械照抄文章原句。老师在纠正的过程中，应引导他们建立信心。

② 训练是活动化策略，为老师的目标设置语言表达训练项目，为学习者使用表达创造充分的时间，而不仅是简单的、机械的语言形式。并利用英语开展语言比赛、表演，组织讲座、比赛等形式，让学习者利用课程之外的资料、方法和知识，不知不觉地使用所学过的语言。

（3）单词句法策略：正如美籍外语教学研究专家布朗（H. D. Brown）所认为，由于单词句法在学习外语中起着很关键的作用，因此在语言教学中不但可用，而且对于提高课堂教学过程也不可或缺，是有助于学习者获得较高外文水准的重要方法。词汇语法课程以培养学习者的外语交流技能为出发点，课程重心是怎样让学习者在一定的使用情境中，为达到交流目标合理而又得体的使用这些表达方式。

① 完整步骤化教学内容与策略：所谓完整步骤化教学策略指老师们在进行语言形式教育的过程中，应该设计一套整体、有步骤性的语言课堂教学。学习者

利用上述步骤了解语言基础知识，并最后实现了利用汉语形式进行语言交流的目的。而利用该策略，教师应指导学习者经历一种由不知到知之，直到会用的过程，又称 PPP 过程。

呈现是学习者用什么方法认识将要掌握的语言问题，老师的工作是怎样说明其结构和含义。布朗和卢瑟福都指出要首先让学习者认识语言问题或给学习者创造使用这些语言问题的环境，让学习者自己经过疑问、推理、探究活动，在老师的帮助下整理总结。训练指老师应通过适当的知识和方式使学生训练所学的语句形式，保证他们能够正确理解语言内容。应用指当他们了解和熟悉语句形式的含义以后，老师应给他们创造可应用语言内容的机会。在学校英语教学中，学生是三个方面的活动主体，老师应积极创造条件，设计教学情景，帮助他们在各个环节，有效地应用词语。

② 训练有效记忆战略：所谓训练有效记忆指老师在开展词汇教学时应有能力、有目的地培训学习者使用合理的记忆方法与技能，以提升记忆效果。这一类练习在学习者已经熟悉部分单词基础上，可以实现单词扩展或巩固记忆。[①]

③ 整理归类、区别对待策略：整理归类、区别对待策略针对单词教育来讲是指老师应分清主动型单词与被动型单词，并通过不同的教育方法，提供不同的教学内容。老师也可指导学习者对单词适当地加以细分，按同类的关系转化、派生，及一词多义、一义多词、近义词、反义词等方法协助学习者正确梳理单词，以实现巩固的目的。在单词数量过多或重复时使用，这种方法也能够有助于学习者的头脑中形成对单词的相互多重联系，以巩固和提高记忆。

④ 比较概括策略：比较概括策略主要是针对语言课堂教学，指老师要及时地对所发生的语言现象加以比较、分类、概括、总结，以提高学生对语言现状的认识和把握。借助信息技术用图形、故事等方式，对语法加以总结。

（三）大学英语自主学习教学评价策略

课堂教学评估是指老师通过获取课堂教学活动中的数据，做出评估与决定，反馈与调整的行为。在中国全面实施素质教育的今天，对学生学习能力的考核已

① 周保群. 大学英语教学模式与课程建设研究［M］. 重庆：重庆大学出版社，2020.

经是具备了多重作用的全面教育考核了。要严格按照学校教学大纲的课程目标和各个层次的教材，并根据学校的实际情况，经过老师们与学校之间的通力合作，对学生的情感、知识、技能以及学习策略等在学校教学中的发挥与提高，加以全面考核。全方位、真实、全面、精准的多元评估系统对达成效果必不可少。学生作为认知活动中的参与者，通过信息技术的主要目的在于向他们介绍知识的渠道、来源与途径，并开展自主性认知，使其掌握基本知识和能力，并使他们有所成长。评估并非用来筛选与鉴定，而是要充分发挥评估的激励功能，观察他们发展和提高的情况，由此来推动他们的全面成长。在中国最新的教育课程标准中，重视了培养目标与评价内涵的多样性，认为科学知识与技术、教育过程与方式、情感态度和价值观等各个领域都是教育评价的重要内涵，并应该引起社会同等的关注。它需要进行专业知识与技术、流程与方式、情感心态和价值观三个方面的融合。

教学评估是双向的，随着评估技术的发展，更多的接受了评估员的介入。自主学习也是发挥学习者主体积极性的方式，其学习评估的主体也将不仅局限于教师，而且他们也参与了评估。学习者的积极性也是自主评价工作能够顺利进行的重要保障，在网络条件下的高校对于英语自主学习的教学，通常采取了行为性评估与结果性评估相结合的评估方案。

1. 过程性评价

过程性评价简称形成性评价，是在学校课堂教学过程中实施的评估，是学校为了指导课堂上教学流程合理、完整地进行而对学生学习成果和教师教学效果所进行的评估。该评估的目的并非筛选优秀学生，只是希望发掘每位学生的潜力，强化改进教学，从而给老师带来回报。可选择学校自主评估、学校相互评估和老师对学校评估的方法。

（1）学生自我测评，在老师的指导下学生通过自主测试，学生通过填报《学生英语能力自评/互评表》，对自身语言听、说、读、写等各个方面的能力水平，已到达了什么水平，达到预期程度怎么样，综合做出了判断。以利于学习者自我调整学习策略、完善教学方式、提升学习质量。

（2）学生内部互相评判，在《学生英语能力自评/互评表》的“同学评”栏目中，请同学相互之间就英文水平进行评判；站在其他同学立场，对一个同学英文的听、说、读、写等各个方面的水平加以衡量，克服了自己看法的主观性。

（3）老师对学生的看法，通过他们学习阶段的具体成绩，对他们做出判断。老师可依据学生平时功课、出勤情况、学习态度以及监控学生的上自习学时等自主学习情况，随时随地对他们的自习情况加以观察、监控与评价，促使他们高效的自习。

2. 终结性评价

结果性评估简称为总体评估，指教师在对教学目标的某个时期（一学期、每年或某门课程学习完成后），对其成果做出的评估。其主要目的就是检验、总结教育目标的完成状况，并评价学生的学业成绩，从而评估教育方法的有效性。通过终结性评估进行期末课程考核时，对学生的复习成果做出评估，以衡量并检查学校能否实现课程目标，以及其实施的难度，是以终结性测评为目的，以评估学生综合运用英语的能力为基础。通过建设测评题库，以降低学生选择性答题的总量与百分比，以提高学生直接检测综合英语运用能力试题的总量与百分比，以提高学生总结性测评的可信度和效率，以正确评价学生的学业成绩。

四、大学英语自主学习教学策略的个案设计

下面以《新视野大学英语》教材第三册读写教程第四单元 Section A 的教学为例，设计信息环境下大学英语自主学习的实施过程。

（一）教学对象

某大学非外语专业本科二年级学生，已经学习《新视野大学英语》的第一册和第二册，具有一定英语基础。他们每周英语读写综合课为两课时，约 100 分钟。

（二）课文题目

Five Symbols of American Culture（美国文化的五大象征）

（三）教学目标

（1）理解并熟练掌握新的词汇和语法知识。

（2）用英语表述本课课文大意。

（3）用英语对美国文化进行简单评议。

（四）教学程序

在本次课前，教师已要求学生预习本课出现的新单词。第一步，课前热身及相关背景知识介绍。教师首先提出一些与本课内容有关并与学生生活经历相关的问题，然后播放制作好的关于美国文化的多媒体教学课件或截取一段反映美国文化英语电影（10 分钟）进行情境创设。电影作为动感的可视媒体，学生在观看影片过程中不仅能听到人物的对白，而且能看到背景画面，演员的动作、表情、着装等超语言线索。通过视听，学生在脑海中刻印了故事的情节（画面），学生通过自己的生活经历和已有的认知结构感受影片的内容，为他们进一步学习语言设置语境，因此可以更容易、更准确地理解语言和阐释影片。英文电影从多方面、多角度展示了英语民族的文化，看英文电影可以激发学生的兴趣，引导学生关注本课将要涉及的主题。

接着教师可根据本课的 pre-reading activities，用课本所附的音频文件，运用多媒体播放器，让学生听短文，完成下列任务：

（1）What do you know about symbols of the United States?

（2）What are the five symbols of the United States?

（3）Main idea of the text and devices for developing it.

学生在教师的指导下，听完短文会比较容易完成上面的任务，教师把学生的注意力引导到所要关注的“Five Symbols of American Culture”的问题上来。让学生进行讨论，教师就学生讨论结果做出评论，并通过多媒体设备公布问题的参考答案，同时介绍一些相关的背景知识。教师要求学生用英语简单概括课文大意。要求思路比较清楚，语音、语调基本正确，然后教师给出自己的答案以供比较、参考。通过完成这些任务，学生熟悉了课文的内容。

由于文化背景的差异，中国学生在学英语时，对以外国文化及风情为背景的文章较难理解。我们主张置语言学习于文化情景之中，利用真实材料进行语言文化输入，让学生通过讨论、分析、挖掘其风俗习惯、人际关系、价值观念及非语言交际手段等文化内涵，增强对目的语文化的感性认识，培养文化敏感性，提高跨文化交际能力。

在第一步中，教师将课文主题与学生实际经历联系起来，以此来激发学生的兴趣。语言不能脱离文化而存在，同样大学英语教学也不能脱离所学语言国家的文化和历史。

教师在教学实践中，除了完成必要的语言基础知识讲解外，还应有意识地适时、适量地进行文化导入，通过介绍一些相关背景知识，教师能够帮助学生清除一些因文化差异带来的不理解或误解。学生展示英语国家独特的社会风貌，揭示与之相关的思维方式与价值观念，使学生加深对语言现象的理解和领悟。

可以利用图片展示知识文化的不同侧面如服饰文化、饮食文化、建筑文化等；利用影片节选，多媒体等方式介绍人生礼仪、节日庆典、交际民俗等；网上下载相关文化信息为教学提供相应背景知识；引导学生分析了解电视节目中的文化内涵，多维度、多渠道地进行文化信息输入，可以使学生身临其境地感受目的语文化，使其在体会中西文化差异的基础上，形成一定的心理认同趋势，从而正确阐释目的语的文化内涵，恰当地进行跨文化交际。在文化教学实践中，教师可以利用多媒体手段，对比中西文化的异同，探索语言与文化的关系。

第二步，阅读训练——快速阅读课文并概括文章大意

播放课文原声录音，学生在 15 分钟内默读课文，用英语简单概括课文各部分大意。提问两到三名同学作答，要求思路比较清楚，语音、语调基本正确，然后教师给出自己的答案以供参考，并对学生的回答给以评价。

该练习重点在于提高学生的阅读能力。这种能力是构成交际能力的一个重要方面，是掌握知识，获取信息，提高听、说、读、写等能力的基础。快速而高效的阅读有益于英语学习者智能的全面发展。英语阅读不仅使英语学习者增长知识、提高兴趣，而且也会提高其抽象概括、归纳综合、逻辑思维、理解记忆等方面的能力。大多数成功学习者的成功之路均以阅读能力为基础去发展其他各种语言能力。

第三步，讲解课文内容和语言重点、难点。学生进行课文阅读与分析，教师的讲解重点放在课文内容上，对于涉及的新词汇、语法作适当的讲解。学生可以通过课本、网络课件和教师提供的课件进行自主学习或通过管理平台进行合作学习、交换意见、探讨问题。

词汇、短语和重要句型学习属于教学目标中的语言知识范畴，相对于语言技能和语言文化，语言知识是学习语言的基础。在这一过程中，教师要向学生指出在应用中学习，把语言知识应用到听说读写译当中，使语言知识和语言技能同时提高。教师可以运用教学课件为学生学习讲解一些新的词汇，让学生通过完成快速记忆词组、猜词、填词等活动掌握词汇，也可以以自主学习为主，通过多种练习或活动让学生练习词汇、句型。

教师要分析、设定交际语境，鼓励和引导学生用所学词汇、语法，结合生活实际来造句，在充分理解人物心理的基础上试着以体现角色特征的口气进行朗读和对话。通过交际技能的训练，要求学生把课文内容所反映的观点和自己的经验结合起来，并加以思索、讨论，发表见解，以学生合作学习为主，采用小组在班级中作口头汇报等形式。例如：

（1）（语言知识）：

① to work on an enormous project

全世界的科学家正在致力于揭开 SARS 之谜。

Scientists around the world are working hard on the mystery of SARS.

② to be in love with

那些热爱生活的人都乐于去爱人或者被人爱。

Those in love with life are ready to give or receive love.

③ to approve of

如果我的计划得不到你的赞同，我的功夫就都白费了。

If my plan isn't approved of by you，all my work will come to nothing.

④ to be dedicated

那些为国家和人民献身的人将永远活在我们心中。

Those who have dedicated their lives to their country and people will live in our memory forever.

⑤ to come up with an idea

爱是什么？对这个问题人们有各种各样的答案。

What is love? People have come up with various answers to this question.

（2）（重点句型）

① Typical patterns for reporting sth.

原句：It is said that he had used his wife's arm as the model，but felt her face was too beautiful for the statue.

句型：It is said/reported that sb. does（did）sth. /sth. happens（ed）.

据说/据报道，某人做了某事/某事发生了。

应用：据报道，在理想的状况下人可以活到150岁。

It is reported that man is able to live up to 150 years under ideal conditions.

② Typical patterns for contrast

原句：While white people had previously been used as models for most American coins.

句型：While people tend to do sth.，someone goes against tradition/conventionality by doing something else.

尽管人们习惯于做某事，另有人却反传统/常规而行之，做了别的事。

应用：几乎所有的花儿都在春天开，但是梅花却违背常规在深冬绽放，它因不畏严寒而赢得盛誉。

While almost all flowers come into blossom in spring，the plums go against the conventionality by flowering in deep winter，thus earning a reputation for being fearless of severe cold.

第四步，自主学习支持。老师还可以布置一些与学生实际紧紧相联系的，学生有兴趣来完成的问题，把这些任务放在课堂外来完成。教师把学生分成4～6人的小组，以小组为单位搜集整理资料。指导学生利用课外时间上网或上图书馆等方式查找资料。学生可充分利用网络资源、教科书配套的音视频资料、辅导书。紧紧围绕课文，力图促使学生进一步理解课文。

Answer the following questions

（1）Whose face was the Statue of liberty modeled after?

（2）What was the real name of Barbie?

（3）How popular is Barbie according to the test?

（4）Who painted American Gothic?

（5）How did Wood get the idea of painting American Gothic?

（6）What was the Buffalo nickel produced for?

（7）Why did Fraser go to NewYork City's Central Park Zoo to sketch an aging buffalo?

（8）What did the employee say when he was asked about the letters "EA - US"? How did Flags' portrait of Uncle Sam look like?

第五步，布置作业

（1）复习课文。

（2）Exercises（page 99 - 108）（练习测试）

（3）网络课程学习

（4）就本文写一篇关于中国文化几个象征的文章，字数在120字左右。网络课程中提供了课后阅读和与本单元话题相关的阅读文章对学生进行阅读技巧的训练。学生通过阅读技巧的指导能够较为顺利地分析、理解、回答阅读材料中所出现的问题并按要求完成学习任务。阅读能力属于教学目标中的语言技能范畴，在培养学生阅读技能的过程中，教师应根据不同文体、不同的展开方式为学生提供相应的阅读方法和技巧，使学生的阅读能力随着课程的进行而不断提高。教师也可以通过网络教学系统的管理平台把作业发布到网上，同时注明完成的期限，避免学生拖延学习任务的情况发生。课堂教学时间有限，而课外学习时间是无限的。指导学生搞好课外学习也是非常重要的。根据调查统计，学生的英语学习成绩与课外有效学习时间成正相关。有计划地、针对性地引导学生开展课外英语学习活动，对促进学生语言能力的提高具有重要作用。我们都知道英语在中国是作为外国语言学习的，仅仅靠课堂内的有限交际活动是不够的。教师要有计划地引导学生大量地进行课外自学、广泛地阅读英语读物、收听英语节目。为了更好地实现学生的自主、合作、探究学习，在这一学习过程中，教师除了布置具体的学习任务，还要为学生提供必要的学习资源，进行学习监控和学习策略指导，与此同时，教师要进行必要的教学反思，以求不断改进教学实践。

（1）Much to our distress/delight/surprise, these years have seen the popularity/worsening/much improvement/a widespread neglect of sth.（议论的主题）in society.

（2）According to a recent/official report/survey/opinion poll...（佐证陈述）

(3) If this current is allowed to run its course, things are bound to turn for the better/worse. (Para. 1)

(4) The importance/harmfulness/significance of sth. to sh. /sth. else, (however), can be seen from the perspectives as follows.

(5) In the first place, … (分析Ⅰ)

(6) In the second, … (分析Ⅱ)

(7) And above all, … (分析Ⅲ)

(8) To sum up, … (归纳总结) (Para. 2)

(9) So the most pressing for us/basic problem now is how to…

(10) In my opinion, thefirst step should he focused upon… (建议Ⅰ)

(11) Then, greater efforts must be made to… (建议Ⅱ)

(12) In one word, where there is…, there is… (结论句)

学生可以根据模板进行仿写，加入新近和以往所学过的词与句，使短文一致、连贯、合理展开。

第六步，检测评估：首先对学生进行提问，检查他们是否掌握了课文主要思想及一些语言的重点、难点。

教师综合学生学习任务完成情况，给出评估、提出建议。对于学生网上提交的作业，教师宜采取公开的和个别的反馈形式。与传统的教师一人评改学生作业不同，在网络环境中，教师可以把每个学生的作业公开发布，学生可以通过网络对别人的作业发表意见，也可以看到同学和教师对自己作业的评价，这种评价和反馈是双向的、公开的。

第五章　大学英语教学创新研究

第一节　文化视角下的大学英语教学创新研究

当今时代，“文化”一词已经渗透到了社会的每一个角落。文化具有极其丰富的文化内涵，它是一种特有的现象，是人们所觉、所思、所言、所为的总和。因此，文化对于大学英语教学创新而言有着重大作用。本节将对大学英语文化教学的相关内容进行阐述。

一、大学英语文化教学简述

文化教学源自跨文化教育，并且随着跨文化教育的发展而不断发展。跨文化教育历史悠久，从古至今，世界上各个国家开展了不同方式与程度的交往，如国家间的旅游、访问、留学等。事实上，这些都属于跨文化教育实践。世界上不同文化之间相互交流与合作，促进了各国文化的发展。但需要指出的是，受各种因素的影响，文化差异必然存在，这就导致隔阂与冲突的存在。为了保证各民族、各国之间的文化能够相互学习与理解，就必然需要进行跨文化教育。

跨文化教育是一个新兴领域，产生于 1960 年前后。在这一时期，世界上移民国家众多，移民的存在引发了很多社会问题。最初，移民国家更加关注移民如何在当地的环境下生存，但随着时代的发展，他们对文化的交融开始予以关注，并开始分析为何会出现文化变迁、文化融合后的消失现象等。之后，跨文化教育理论诞生，如文化同化论、文化变迁论、文化融合论、跨文化交流论、多元文化教育论等。

进入20世纪90年代，在联合国教科文组织的不断推动下，跨文化教育的理念更加明确，也得到了世界各国的认同。其中，联合国教科文组织召开的第四十三届国际教育大会有着十分重要的意义。这次大会的主题为“教育对文化发展的贡献”，并发布了《教育对文化发展的贡献》的纲领性文件。可见，这一文件主要宣扬的是跨文化教育，并促进了世界各国跨文化教育的发展，具体来说表现为如下几点：

（1）明确指出普及教育、传播文化是联合国教科文组织的目标，以保证各国之间的文化多样性与文化独立性。

（2）重视通过不同文化开展对话与交流，以使文化更具有多样性，也能体现自身文化的特性。

（3）明确对跨文化教育的相关概念进行定义，认为其目的在于尊重文化、理解文化多样性。

（4）倡导学校必须与社会环境相结合，逐渐构筑成一个有效的对话场所，并将学生的文化视野逐渐扩大。

（5）呼吁构建跨文化教育质量标准，以推进跨文化教育在世界的进步与发展。

（6）明确人的全面发展作用，并指出应该通过广泛的接触与教育来促进人的全面发展。

（7）明确每个人都有权利参与文化与艺术活动，享受文化生活。

（8）明确教育与文化的关系，尤其是教育对文化的作用。

（9）界定跨文化教育的范畴，不仅将某些学科的教学活动容纳进去，还将所有学科教学与学校系统、媒体、家庭等容纳进去。

（10）提出跨文化教育策略、方法，并指明教育内容、教育课程、教育语言等教育原则。

另外，1994年联合国教科文组织召开的第四十四届国际教育大会也重点提出了跨文化教育，并对跨文化教育理念进行了深化。它将“国际理解教育的总结与展望”作为主题，并通过了《第四十四届国际教育大会宣言》及《为和平、人权和民主的教育综合行动纲要》。强调如下三点：

（1）教育政策必须有助于人们、社会与文化之间相互理解，并能够相互团结与宽容。

（2）教育必须有助于提升文化态度与文化认知，并构建和平、民主的文化价值观。

（3）教育机构应该成为一个理想的场所，即对人权要尊重与宽容，努力实现文化的多元化。

在此基础上，1996 年，联合国教科文组织又发布了一项专题报告——《国际理解教育：一个富有根基的理念》。这一报告指明跨文化教育的目的是保证各国文化之间的理解。

进入 21 世纪，联合国教科文组织为更好地推进跨文化教育，提出了跨文化教育的方针与措施。随着联合国教科文组织的推动，世界上各国建立了相应的教育组织机构，其都是为了推进跨文化教育。可见，跨文化教育已经在当代成为一种普遍现象，也必须被重视起来。

正因为跨文化教育不断发展，大学英语文化教学逐渐被人们关注，并展开了对其内容、目标等多个层面的研究和探讨。

二、大学英语文化教学实施的必要性

我国走进新的时代，我国教育也迈开了新时代的步伐，当然我国大学英语教学也是如此。这就对大学英语教学提出了更高的要求。如何将文化教学与大学英语进行精准的、深度的融合？那些虽然从事的不是与外语相关工作的学生，如何通过跨文化教学使自己的课堂学习更为丰富？这些问题都需要我们从本质上了解与认识大学英语文化教学实施的必要性。

首先，文化教学能够丰富学生的文化知识，包括本族文化知识、外国文化知识以及两种文化所存在的差异。培养学生的跨文化意识与能力以及对文化的敏感性，帮助学生用跨文化的思维对问题加以分析与处理，同时帮助学生树立全球视野。

其次，文化教学有助于培养学生在跨文化环境下与他人进行交流与合作的能力。当前，很多 1999 年或者 2000 年以后出生的学生步入了大学校园，他们的生长环境决定了他们从小就缺乏沟通与合作能力，也很难对遇到的困难加以解决。受全球化的影响和制约，这种能力的欠缺更加明显。文化教学与大学英语教学的融合可以不断提升这些学生的交流与合作能力，以文化教学为导向，可以在提高学生沟通能力的同时培养他们协作处理问题的能力。①

（一）迎合社会发展交流的需要

在当今的时代背景下，国与国之间的交往日益频繁，这就要求高校学生应该努力学习语言与文化知识，获取语言与文化技能。世界是一个地球村，经济全球化使得跨文化交际呈现多样性，因此在跨文化交际教学中，教师除了让学生提升自身的语言能力，还应该提升自身的跨文化交际能力，以应对交际中出现的各种变化。

另外，随着多元社会的推进，交际者应该具备一定的合作能力与意识，无论是生活在什么文化背景中，都应该为社会的进步努力，树立自己的文化意识，用积极的心态去认识世界。可见，跨文化交际教学将英语的价值充分地体现出来，学生对跨文化交际知识的学习也与社会的发展相符，是中西方文化交流不断推进的必由之路。

（二）实现素质教育的主要渠道

现如今，我国对于素质教育非常推崇。作为一门基础课程，英语教学是素质教育，也是文化素质教育的重要项目。大学英语教学是实现素质教育的一个重要工具，也可以说是一个主要渠道。这是因为英语教学除了强调知识传授外，还注重文化素质与文化思维的培养，这与跨文化教学的要求有异曲同工之妙。对此，在跨文化交际教学中，教师必须将语言与文化的关系处理好，引入西方国家文化，汲取其中的有利成分，并发扬我国的文化。

三、大学英语文化教学的具体目标与内容

在大学英语文化教学的过程中，大学英语教师应该凸显社会取向，对英汉文化内容加以补充，建立超语言意识，关注英汉文化社会的发展，具备跨学科视野，学会辩证地看待问题，只有这样才能在大学英语文化课堂上实现语言、社会、文化的互动。大学英语文化教学在长期的发展过程中已经形成了一定的体

① 张铭. 当代大学英语教学理论与研究［M］. 北京：九州出版社，2019.

系，建构了合理的教学目标、教学内容、教学方法、教学大纲等。为了对大学英语文化教学有更加深入的了解，本部分内容重点分析了大学英语文化教学的具体目标与内容。

（一）大学英语文化教学的具体目标

大学英语文化教学的目标在于提升学生的跨文化交际能力。具体来说，主要体现为如下几点：

1. 发展批判思维

在大学英语文化教学中，教师应该不断培养学生的批判性思维，让学生对本国文化加以反思，然后采用多元文化的有利条件，对文化背后的现象进行假设，确立自己的个人文化观念。

2. 树立文化意识

对世界文化多样性的了解，有助于人们建立多元文化的意识与观念。不同文化产生的背景不同，是不能相互替代的。基于全球化的视角，各个文化群体之间的交流也日益频繁，因此需要对异质文化予以理解与尊重，努力避免在交际过程中出现冲突。

在大学英语文化教学中，教师应该努力引导学生积极理解不同文化，让他们对自身文化有清晰的了解，同时以正确的心态对待他国文化，应对世界的多元化。

3. 学习异质文化

当中西方人们进行接触与了解时，不可避免地会产生文化的碰撞，并且很多时候也会感到不适应。因此，在大学英语文化教学中，教师应该帮助学生避免这一点，让他们有更多机会了解异域文化，提升自身的文化适应力。

（二）大学英语文化教学的内容

大学英语文化教学的内容主要涉及英汉语言差异以及英汉文化差异，这两部分内容构成了大学英语文化教学的主体。下面就对此展开探讨。

1. 英汉语言差异

要想准确地进行跨文化交际，双方首先需要弄清英汉语言的差异所在。具体而言，英汉语言差异主要表现在词汇、句子和语篇上。

（1）词汇差异：对于英汉语言来说，词汇是其组成的细胞，而且英汉两种语言中的词汇是非常丰富的。但是，这种丰富性也导致了英汉词汇在意义、搭配、构词方式等层面的差异性。

① 词汇意义差异：

其一，完全对应。在英汉两种语言中，有些词在词义上是完全对应的，一般这类词包含名词、术语、特定译名等。例如，paper 指代纸，steel 指代钢。

其二，部分对应。在英汉两种语言中，有些词呈部分对应，即有些英语词词义广泛，而汉语词词义狭窄，有些英语词词义狭窄，但汉语词词义广泛。例如，sister 既代表姐姐，又代表妹妹；red 既指代红色，又可以指代紧急、愤怒、极端危险。

其三，无对应。受英汉文化差异的影响，英汉语言中很多专门的词在对方语言中找不到对应词，就是所谓的“无对应”，也可以称为“词汇空缺”。例如，chocolate 即巧克力，hot dog 即热狗。

其四，貌合神离对应。在英汉两种语言中，有些词表面看起来是对应的，其实不然，这种对应的词语可以称为“假朋友”。例如，grammar school 的意思是为升大学的学生设立的中学，而不是“语法学校”；talk horse 的意思是吹牛，而不是“谈马”。

② 词汇搭配能力差异：

词汇搭配研究的是词与词之间的横向组合关系，即所谓的“同现关系”。一般来说，搭配是约定俗成的，但是英汉搭配存在着明显的规律，不能混用。例如：

as plentiful as blackberries 多如牛毛

红茶 black tea

另外，很多词具有很强的搭配能力，如英语中的 to do 可以构成很多词组，如 to do the bed 意思是铺床，to do the window 意思是擦窗户，to do one's teeth 意思是刷牙，to do the dishes 意思是洗碗碟。通过上述 to do 组成的这些词语可以看出其搭配能力的广泛，可以与“床”“窗户”“牙”“碗碟”等搭配，但是汉语中与之搭配的词语不同，用了“铺”“擦”“刷”“洗”等。

再如，汉语中的“看”也是如此，看电影即 see a film，看电视即 watch TV，看地图则为 study a map。

（2）句法差异：在英语中，句法起着十分重要的作用。了解英汉句法的不同特征，有助于更好地进行英汉互译。英汉句法的差异有很多，这里主要从语序、语态、句子重心三个层面入手进行分析。这些差异也反映出语言的民族思维方式与文化心理结构的不同，因此值得了解与研究。

① 语态差异：中西方思维模式的不同必然会影响语态的选择。通过分析英汉语言可知，英语善用被动语态，而汉语善用主动语态。语言是文化的载体，选择不同的语态代表着文化的不同。英语选用被动语态说明英语国家的人们对客观事物是非常看重的，而汉语选择主动语态说明我国人对做事主体的作用是非常看重的。

第一，汉语善用主动语态。在做事层面，我国人侧重动作执行者的作用，即所谓的重人不重事。在语言使用中也是如此，中国人更习惯采用主动语态来表达，以陈述清楚动作的执行者。

但是，汉语中也存在被动语态，主要用来表达不希望、不如意的事情，如受祸害、受损害等。而其他情况下使用被动语态，句子往往会显得比较生硬。例如：

饭吃了吗？

病被治好了吗？

显然，上述两句话使用了被动语态表达，但是显得非常别扭，甚至很难读，因此应改为：

你吃饭了吗？

医生治好你的病了吗？

这样修改为主动句式之后，句子就显得流畅许多。

这就说明，汉语中并不存在英语中那么多的被动句式，也很少使用被动句式，而是采用主动来替代。这与国人的主体思维有着密切的关系。我国强调“事在人为”，即行为与动作都是由人产生的，事物或动作不可能自己去完成，因此对动作执行者的表达显得至关重要。如果无法确定动作执行者，也往往会使用“有人”“大家”“人们”等泛称词语替代。当然，如果没有泛称词语，也可以采用无人称，就是我们所说的“无主句”。例如：

下雨了。

快走！

第二，英语善用被动语态。西方人对于物质世界的自然规律是非常看重的，习惯弄清楚自然现象的原理。与中国人相比，他们更加看重客观事物。在语言表达上，他们习惯采用被动语态来对活动、事物规律或者动作承受者加以强调，对于被做的事情与过程非常看重。因此，在英语中，被动语态十分常见。甚至在有些文体中，被动语态更是常见。

从语法结构上说，英语中存在十多种被动语态，并且时态不同，被动语态结构也存在差异，如一般现在时被动语态、一般过去时被动语态等。当然，不同的被动语态，其所代表的意义也必然不同。例如：

English is spoken by many people in the world.

世界上有许多人说英语。

Apple trees were planted on the hill last year.

去年山上种了很多苹果树。

AI technology will be used in the future.

将来会用到人工智能技术。

通过分析不难发现，第一个句子为一般现在时态，其被动语态表达的是现在的情况；第二个句子为一般过去时态，其被动语态表达的也是过去的情况；第三个句子为一般将来时态，其被动语态表达的也是将来的情况。

②句子重心差异：在句子重心上，汉语句子则与英语句子相反，即汉语句子一般重心在后，英语句子一般重心在前。也就是说，汉语句子一般把重要信息、主要部分置于句尾，而次要信息、次要部分置于句首。英语句子一般将重要信息、主要部分置于主句之中，位于句首。

有这样一个传说，清朝末期，湘军头领曾国藩围剿太平军的时候，接连失败，甚至有一次差点丢了性命。于是，他向朝廷报告战事时说：“屡战屡败”，翻译成英语即为“He was repeatedly defeated though he fought over and over again.”但是他的军师看到了之后，立即将其改为“屡败屡战”，即“He fought over and over again though he was repeatedly defeated.”

从字面看，这两句话中用了同样的词，只是更改了语序，但是含义大相径庭。“屡战屡败”说明曾国藩一直失败，丧失信心，只能如实向朝廷奏报，甘愿领罚；而“屡败屡战”说明曾国藩是一个效忠朝廷、忠肝义胆的汉子，虽然遭受了多次失败，但是仍不气馁，应该受到朝廷的褒奖。显然，从汉语层面来说，前一句的重心在于“败”，后一句的重心在于“战”。而且，正是由于军师巧妙地更改，不仅保全了曾国藩的面子，也救了他的性命。因此，在翻译成英语时，也需要注意重心的问题，即“屡战屡败”的重心在于 he was defeated，而“屡败屡战”的重心在于 he fought。

（3）语篇差异：所谓语篇，即语言的运用，是更为广泛的社会实践。在英汉语言中，语篇是词汇、句子等组合成的语言整体，是实际的语言运用单位。人们在日常交谈中，运用的一系列段落都属于语篇。同时，语篇功能、语篇意义等都是根据一定的组织脉络予以确定的。英汉语篇在组织脉络上存在着明显的差异，这些差异影响着人们的谋篇布局。基于此，以下就对英汉语篇差异展开分析和探讨。

① 逻辑连接差异：

其一，隐含性与显明性。所谓隐含性，是指汉语语篇的逻辑关系不需要用衔接词来表示，但是通过分析上下文可以推断与理解。所谓显明性，是指英语中的逻辑关系是依靠连接词等手段来衔接的，语篇中往往会出现 but、and 等衔接词，这可以被称为“语篇标记”。汉语属于意合语言，英语属于形合语言，前者注重意念上的衔接，因此具有高度的隐含性；后者注重形式上的接应，因此逻辑关系具有高度的显明性。例如：

跑得了和尚，跑不了庙。

The monk may run away，but never his temple.

上述例子中，汉语原句并未使用任何连接词，但是很容易理解，是明显的转折关系。但是，在翻译时，译者为了使译文符合英语的形合特点，添加了 but 一词，这样才能被英语读者理解。

其二，展开性与浓缩性。除了在逻辑连接上具有显明性，汉语语篇也呈现展开性，即常使用短句，节节论述，这样便于将事情说清楚、说明白。英语在语义上具有浓缩性。显明性是连接词的表露，是一种语言活动形式的明示，但是浓缩性并非如此。英语具有独特的思维方式与语言特点，这也决定了表达方式的高度浓缩性，习惯将众多信息依靠多种手段来思考，如果将其按部就班地转化成中文，那么必然是不合理的。例如：

She said, with perfect truth, that "it must be delightful to have a brother," and easily got the pity of tender – hearted Amelia, for being alone in the world, an orphan with out friends or kindred.

她说道，"有个哥哥该多好啊，" 这话说得入情入理。她没爹没娘，又没有亲友，真是孤苦伶仃。软心肠的阿米莉亚听了，立刻觉得她很可怜。

上例中，with perfect truth 充当状语，翻译时，译者在逻辑关系上添加了"增强"的逻辑关系。英语介词与汉语介词不同，英语介词是相对活跃的词类，因此用 with 可以使感情更为强烈，在衔接上也更为紧密。相比之下，汉语则按照语句的次序进行平铺，这样才能让汉语读者理解和明白。

其三，迂回性表述与直线性表述。英汉逻辑关系的差异还体现在表述的直线性与迂回性上。汉语侧重铺垫，先描述一系列背景与相关信息，最后总结陈述要点。英语侧重开门见山，将话语的重点置于开头，然后再逐层介绍。例如：

Electricity would be of very little service if we were obliged to depend on the momentary flow.

在我们需要依靠瞬时电流时，电就没有多大用处。

上例中的逻辑语义是一致的，都是"增强"，但是在表述顺序上相反。英语原句为主从复合句，重点信息在前，次要信息在后，在翻译成汉语后，次要信息则优先介绍，而后引出重点信息，这样更符合汉语的表达。

② 表达方式差异：

其一，主题与主语。汉语属于主题显著的语言，其凸显主题，结构上往往包含两个部分，一部分为话题，另一部分为对话题的说明，不存在主语与谓语之间的一致性关系。英语属于主语显著的语言，其凸显主语，除了省略句，其他句子都有主语，并且主语与谓语呈现一致性关系。对于这种一致性关系，英语中往往采用特定的语法手段。例如：

The strong walls of the castle served as a good defense against the attackers.

那座城墙很坚固，在敌人的进攻中起到了很好的防御效果。

显然，英语原句有明确的主语，即 The strong walls of the castle，并且其与后面的谓语成分呈现一致关系。相比之下，翻译成汉语后，结构上也符合汉语的表达，前半句为话题，后半句对前半句进行说明。

其二，客观性与主观性。中国人注重主观性思维，因此汉语侧重人称，习惯采用有生命的事物或者人物作为主语，并以主观的口气来呈现。西方人注重客观性思维，因此英语侧重物称，往往采用没有生命的事物或者不能主动发出动作的事物作为主语，并以客观的口气加以呈现。受这一差异的影响，汉语往往以主体作为根本，不在形式上有所拘泥，句子的语态也是隐含式的，而英语中的主被动呈现明显的界限，并且经常使用被动语态。例如：

These six kitchens are all needed when the plane is full of passengers.

这六个厨房在飞机载满乘客时都用得到。

显然，英语句子为被动式，而汉语句子呈现隐含式。

2. 英汉文化差异

在不同国家、不同民族之间，文化差异是不可避免存在的，并且不可以改变。文化差异对于不同文化的存在、关系等产生着重要影响。正是由于文化差异的存在，使得文化具有多样性的特征，如果不存在文化差异，那么文化也不可能向着多元化的方向发展，也不可能保证文化的丰富多彩。

（1）思维模式差异：所谓思维模式，就是思维主体在实践活动基础上借助于思维形式认识对象本质的思路。思维模式是人们大脑活动的内在程式，受到文化的影响。在英汉语言背景下，英汉民族所处的社会环境有所不同，人们的体验和经历也各有差异，因此看待世界的角度也不同，有着不同的思维模式，而这又进一步影响他们的社会体验和经历，也影响他们的语言发展。

（2）价值观差异：价值观是基于社会、家庭的影响产生的，并且经济地位发生改变，价值观也会发生改变。中西方民族所持有的价值观显然是不同的。

（3）教育观念差异：在教育观念上，中西方存在明显的不同，主要在教学内容、教学方式、“教”与“学”、大学教育、课余生活这五个方面有明显的表现。

四、大学英语文化教学的具体策略

开展英语文化教学可以使学生在语言学习中理解与接受异域文化，从而为顺利开展跨文化交际做准备。对于我国大学英语教学的对象而言，在英语学习的过程中，不可避免地会有文化的学习。这一过程有助于帮助学生开阔眼界，建立文化身份，形成自身的批判性思维。有理念，就有方法论。方法形成之后，也不是恒定的，会随着理念的变化而变化。既然大学英语文化教学的理念在广泛传播，那么它的实施策略就需要被探讨。概括而言，英语文化教学的具体策略主要有以下几种：

（一）师生互动策略

教师要努力尝试通过和学生的互动来实施大学英语文化教学。教学的本质决定了教学不应该是单向行为，而是双向行为。因此，大学英语文化教学应该真正回归到教学的本质上来。互动法的完美落实，需要教师做好一些功课。首先，教师要培养学生正确的文化心态，使学生平等看待一切文化。其次，教师要营造平等、自由和开放的互动氛围，鼓励倾听和表达，使学生尽情发挥，畅所欲言。在互动过程中，教师和学生扮演不同文化中的角色，要让学生理解外来文化。①

（二）文化引入策略

1. 背景说明

在中国，学生一直浸润在母语环境中，周围缺乏英语环境。因此学生对很多文化背景知识可能是不太了解。当学习材料中的文化背景知识影响到学生对学习材料的理解时，教师可以对有影响的文化背景知识做一些介绍。教师的说明介绍最好安排在讲解学习材料之前的一段时间进行，以便为学生理解学习材料做铺垫。要将说明介绍的工作做好，教师需要提前在课外时间做好准备工作，收集一些与教学内容相关的典型文化知识，并通过自己的消化理解将其恰当地应用到课堂教学之中。

通常情况下，教学材料中的作者、内容和事件发生的时代可能都蕴含着一定

① 胡敏捷. PI 理论与大学英语教学方法探索［M］. 北京：中国纺织出版社，2019.

的文化内涵，学生必须广泛学习这些背景知识，否则就难以准确理解所学材料。例如，当学生读到《21 世纪大学英语》第一册第十单元 *Cloning*：*Good Science of Bad Idea* 中的“Faster than you can say Frankenstein，these accomplishments，triggered a worldwide debate.（不等你说出弗兰克斯坦，这些成果就已经引发了世界范围的大辩论）”这句话时，可能不明白如何解释 Frankenstein，因此也不明白整句话的意义。在这种情况下，教师需要介绍以下三点与理解该材料有关的背景知识。

（1）英国女作家 Mary W. Shelley 写了一部科幻小说，并以自己的名字为这部科幻小说命名，而这部小说描写了一位发明怪物并被它消灭的年轻医学研究者，名字叫作“Frankenstein”。

（2）在英语中，有个成语为“before you can say Jack Robinson（开口讲话之前）”，“Faster than you can say Frankenstein”就是根据这个成语创造出来的。

（3）文章中的人物是在一定的社会背景下出现的，当时克隆技术大肆蔓延，作者极度担心克隆技术会对人类社会造成重创，这一担心又得到了世界上已经掀起的大辩论的证明，因此读者就将克隆技术与小说情节联系了起来。

2. 比较分析

有比较，就有结果。只有在比较中，事物的特性才会表现得更加明显。经过了不同的历史轨迹，中国和西方国家在长时间的历史积淀中形成了不同的文化。因此，在大学英语文化教学中，教师可以通过母语文化和英语文化的明显比较，来让学生更加深刻地认识母语文化和英语文化。在跨文化交际中，学生也因此提高了文化敏感性，会更加重视文化对于交际的影响，从而减少甚至避免文化差异引起的交际冲突。举个简单的例子，问别人的行程和年龄在中国是很正常的，但是在西方人眼里是对隐私的侵犯。

在外研社出版的《大学英语》第三册第四课 *Darken Your Graying Hair*，*and Hide Your Fright* 中，主人公这么介绍了自己：“I have a wife，three daughters，a mortgaged home and a 1972 ‘Beetles’ for which I paid cash.”中国学生乍一看，主人公开着德国大众“甲壳虫”汽车，这在中国国情下不是很多人能够担负起的，因此就会认为这位主人公过得比较富裕。但是，读者要站在西方背景的角度去审视这个问题。西方国家的汽车就如同中国的自行车一样普遍，“甲壳虫”汽车空间小又省油，是中、低收入家庭的首选车型。了解了这一点后，中国学生才发现自己的认识偏差，原来主人公的介绍是表示家庭成员较多，生活比较拮据。另外，在消费观念上，中国人比较保守，一般不会提前预支，并且还要对未来的生活支出做好准备；但是英美人倾向于提前消费的方式，如分期付款、抵押贷款等。这就是文化差异在消费观念上的体现。

3. 文化讨论

文化讨论是教师进行大学英语文化教学的重要策略，首先这一策略充分尊重了学生的主体地位，其次学生在讨论过程中可以学习关于文化的各种知识，最后讨论策略有助于提高学生对文化学习的积极性和主动性。因此，教师在大学英语文化教学中，可以灵活采用文化讨论法进行教学。具体来说，教师可以班级为单位，组织学生就某个专题开展面对面的讨论，并在讨论过程中解决实际问题或解答特定课题。教师可以提前布置一定的任务，让学生进行有针对性的讨论。

（三）附加形式策略

以附加形式实施大学英语文化教学，形式可以多样化。例如，在教材中设立文化专栏，在课外组织参观文化展览，举办英语文化主题讲座或组织文化表演等。教师也可以将优秀的但是传播度不高的英语书籍介绍给学生，并以书中的文化知识为主题开展讨论、戏剧表演、知识竞赛等活动。这些活动都需要在教师的指导和监督下进行，以便活动真正实现大学英语文化教学的目的。以戏剧表演为例进行说明，微型剧包括 3 ~ 5 幕，每一幕包含一两个文化事件，学生在参与戏剧的过程中，可能会出现一些文化误读的现象，通过反思、调查之后，就能找出文化误读的根本原因，从而学习文化知识。

（四）外教辅助策略

物质条件优越的学校可以适当地聘请一些外籍教师授课。外教的到来对大学英语文化教学具有以下两个作用：

1. 外教对学生的影响

外教不仅可以提升学生的英语学习兴趣，还能促进学生跨文化交际能力的提高。外教作为异域文化中的成员，能够引起一批学生的好奇心，这些学生在与外教接触和交流的过程中增强了对英语口语表达的信心，还能收获课堂上学不到的社会文化背景知识，能真正提高英语文化敏感度和英语交际能力。另外，学校可以定期利用外教组织英语角，这样就为学生创造了纯正地道的英语环境和文化环境，有利于学生英语听力和口语能力的提高，从而使得学生跨文化交际能力也有了一定的进步。

2. 外教对教师的影响

在中国的大环境下，很多中国英语老师虽然出身于英语专业，集各种英语等级考试证书于一身，但是由于口语的练习机会很少，英语口语表达能力依然比较欠缺。而外教来到学校以后，这些中国英语教师因为教学工作的关系，就获得了许多与外教直接交流的机会。外教可以帮助他们纠正语音上的错误，就使得中国教师锻炼了英语口语表达能力。另外，外教是在另外一种不同的文化氛围中成长和学习的，其教学模式可能更加有趣、生动，中国的英语教师就可以汲取他们教学模式中的优势，从而提高自身的教学水平。

当中国英语教师的跨文化交际能力和英语教学水平提升以后，直接的受益者就是学生。中国英语教师的跨文化交际能力提升了，就能在和学生的交际中更有效地提升学生的跨文化交际能力。中国英语教师的英语教学水平提升了，在实施大学英语文化教学时就能取得更好的效果。

如果外教的学校教学工作让他们获得了良好的感受，外教往往会把国外的教育行业的朋友或者机构等介绍给学校，这样学校就可以通过夏令营、冬令营的形式和国外的教育行业进行互访、学习和交流，从而提高学生的跨文化交际能力。

第二节　网络视角下的大学英语教学创新研究

根据教育部颁布的《大学英语课程教学要求》，多媒体网络将成为大学英语教学中的一种新的手段和方式，也将是大学英语教学改革与发展的方向。本节将对网络视角下的大学英语教学创新进行研究。

一、大学英语网络教学简述

网络在大学英语教学中的应用，为大学英语教学注入了新的血液，使其更加蓬勃和富有活力。

网络是由节点与连线构成的，其主要是表现不同对象及其相互之间的联系。在计算机领域，网络被认为是一种虚拟平台，其主要用于信息传输、信息接收以及信息共享。通过网络，人们可以将各个点、面、体等联系起来，实现资源、信息的共享。因此，对于人类的发展来说，网络是极其重要的，它促进了科技与人类社会的发展。

网络教学是借助计算机网络这一现代媒介平台而进行的教学活动，这一教学活动与计算机网络有着或多或少的联系。

而大学英语网络教学模式是在一定的教学思想和理论的指导下，基于计算机网络技术，为实现英语教学目标而建构的教学活动框架和教学方式。

二、大学英语网络教学实施的必要性

现在，网络技术在各个领域都发挥着重要作用，对英语教学的影响也十分显著。在大学英语教学中运用网络技术，可以突破时空的界限，学生可以选择自己合适的时间和地点进行学习，教师可以在浩瀚的网络资源中寻找能够辅助教学的资料。总体而言，在大学英语教学中实施网络教学是很有必要的，这集中体现在以下几个方面：

（一）提供海量学习资源

传统教学模式，学生主要通过教材来获取学习资源，虽然能够获得规范的语言知识，但交际能力得不到提高。而网络教学拓宽了学生获取资源的途径，通过网络，学生不仅可以接触大量的语言资料，还能学习到日常生活用语，能有效锻炼交际能力。而且网络资源更新速度快，学生可以接触新的学习资料，提高语言的实用性。

（二）营造良好的教学环境

良好的教学环境对于学生的学习而言十分重要，大学英语网络教学能够营造生动、轻松的学习氛围，激发学生的学习兴趣。具体而言，首先，大学英语网络教学能够调动学生的多种感官，带动学生积极参与英语教学活动，培养学生的英语思维。其次，大学英语网络教学可以使学生接触和学习地道的英语资料，能够帮助学生积累语言知识，了解文化背景，提升语言综合能力。最后，大学英语网络教学的手段丰富，模式新颖，能有效优化教学环境，激发学生的学习兴趣，培养学生的想象力和观察力。

（三）培养学生的自主学习能力

传统的教学模式将学生放置于被动的学习地位，学生只能听教师讲课和记笔记，很少有机会参与课堂教学，语言能力根本得不到发展。而开展网络教学，就可以避免这两种情况的发生。通过网络平台，学生可以不受时空限制地进行自主式学习，还可以自主选择课程，安排自己的学习进度，通过人机交流锻炼语言能力，最终实现个性化学习。在网络教学中，学生摆脱了对教师和教材的依赖，能够自主构建知识体系，实现英语自主学习。

（四）搭建丰富的开放性平台

大学英语网络教学为师生搭建了丰富的开放性交流平台，通过这一平台，师生之间的交流效率和质量得到了显著的提升。基于网络平台，师生之间可以通过电子邮件、QQ、微信等方式进行交流。教师不再是教学的权威，学生不再充满紧张感，师生之间的距离拉近了。此外，教师可以通过网络平台向学生布置作业，学生也可以向教师提问、上传作业、与同学沟通等，教学和学习效率得到了显著提高。

三、大学英语网络教学的特征与原则

相较于传统的大学英语教学，大学英语网络教学优势突出，特点鲜明，其实施和开展对提高教学质量和培养学生的英语能力具有重要意义。但大学英语网络教学的实施也要遵循一定的原则，以确保教学的质量和效果。

（一）大学英语网络教学的特征

1. 开放性

网络教学具有开放性特征，这主要体现为其扩展了教室这一客观的教学环境，将课堂教学扩大至有“信息海洋”之称的互联网上，教师和学生都不再局限于课堂，而是可以通过网络查找和学习语言资料，使教和学都具有一定的开放性。

2. 交互性

网络教学实现了多种方式的互动，包括师生互动、生生互动和人机互动，而且这些互动方便快捷，不受时空限制。网络教学不仅为学生提供了练习词汇、听力、口语和阅读的平台，也为学生提供了丰富且真实的英语互动平台，如电子邮件、BBS、聊天室等。并且网络的互动具有实时性，这又进一步提高了教学反馈的速度，有利于学生学习效率的提高。

3. 灵活性

通过运用网络技术，大学英语教学变得更加直观、灵活和便利。网络多媒体集文字、声音、图像、视频于一体，这可以使教师的教学更加直观，不但可以有效调动学生的学习积极性，以及切实锻炼和提高学生的听说能力，还可以丰富学生的语言文化知识。根据具体的教学需要，教师可以灵活运用网络教学手段有效开展英语教学。

（二）大学英语网络教学的原则

如果缺乏相应原则的指导，大学英语网络教学也难以将自身的优势与特征完全发挥出来。因此，大学英语网络教学的开展应遵循一定的原则，具体包含以下几项：

1. 认知原则

开展大学英语网络教学，首先要遵循认知原则，即做到以下两点内容。首先，关注学生的认知发展，提高学生的认知策略。其次，关注学生的认知，根据学生的认知风格进行有针对性的指导。在实施网络教学的过程中，教师应根据学生的认知原则做到因材施教，有效培养学生的认知能力。

2. 主体性原则

所谓主体性原则，是指在教学过程中明确学生的主体地位，将学生作为教学活动的中心。在大学英语网络教学中，教师应明确学生的主体性，鼓励学生积极参与教学活动，引导学生选择适合自己的教学内容，并帮助学生构建自己的知识体系。

3. 系统性与最优化原则

教师在开展大学英语网络教学时，要遵循系统性与最优化原则，使教学内容系统化，教学目标渐进化，继而实现教学的系统化和最优化。具体而言，教师应根据学生的实际需要和现有水平选择教学材料，做到难易交错、循序渐进，使学生系统地掌握知识。此外，教师应紧跟学生的进度，及时发现学生学习中存在的问题，并帮助学生解决问题，实现教学最优化。①

四、微课教学模式

微课有着几个显著的特点。首先，视频是微课的核心载体，组成了多样化的资源。学习和教学中的知识点由教师以教授的方式，录制成短视频，然后通过多媒体、学生反馈意见等形成独立的教学资料，仅供学生观看和学习。其次，微课主题突出，短小精悍。微课视频的时间长在 10 分钟左右，主要目的是展现学科知识点，或者反映课堂教学流程和教学活动，适用于学生课前课后学习。最后，易于获取和传播。微课是针对某个知识点的讲解，而非某项课程教学。微课可以让学生在短时间内获取视频内容，容易提高学生的学习兴趣。

（一）微课在大学英语教学中的意义

在大学英语教学中运用微课教学模式，可以为学生创造直观而且优良的教学环境，能让学生将全部精力放在英语学习上，对于英语教学而言意义重大。具体而言，微课在大学英语教学中所发挥的作用体现在以下几个方面：

1. 推动了大学英语教学模式的改革

教育改革的推进深受新型教育模式的影响，大学英语教学改革也在这种模式的推动下不断深化。传统的大学英语教学模式形式单一，无法满足学生的需求，也无法适应当代社会的需求。通常是一节课中课程讲授量大，往往会超出学生的接受限度，学生多感觉课堂教学无聊乏味。如果使用微信或者 QQ 发布英语知识

① 王晓静. ESP 视角下大学英语教学研究［M］. 中国原子能出版社，2019.

点讲解，则会更加受欢迎，因此微课是当代创新性的教学方式，属于知识的传递者，能够满足学生的具体需求。将微课教学运用于大学英语教学，可以加速教学改革，更新教师的教学结构和教学理念，使教师顺应时代的发展和学生的需求，也能让英语教学跟上时代发展。此外，微课推动着大学英语课程内容和体系的改革，通过现代信息技术，整合教学资源，可以扩大教学途径，转换学习视角，丰富教学资源，改革课程体系。①

2. 顺应了时代发展

互联网技术的发展，使得人们更加方便地获取信息。随着互联网进入微时代，微视频、微信、微博等逐渐兴起，并成为人们日常生活中的重要部分。就教学而言，学生对手机的关心多于对课本的关注，教师传统的对段落和知识点的讲解方式只会让学生觉得枯燥乏味，对此有些学生甚至不带课本，而是随身携带手机等工具上课。在信息化时代，学生更能接受信息数字化的学习模式，偏向于既简单通俗又富有趣味性的知识信息，而微课作为信息技术发展和教学改革的产物，能有效满足学生的这种学习心理，对于激发学生的学习兴趣发挥着重要作用。

3. 满足了不同层次的学习需求

教师在使用微课教学时，会将微视频上传到微信或者 QQ 等平台上供学生分享，此时那些在课堂上没有记笔记或者存在理解障碍的学生可以根据需要反复观看视频内容，温习所学内容，进而加深理解、巩固所学内容。

4. 创造了新型的师生关系

在大学英语课堂教学中，教师普遍使用多媒体进行教学，就是以书本内容为核心，以 PPT 的形式讲解课文知识。受课堂时间的限制，教师在讲解过程中语速较快，模式单一，大多数学生未能完全掌握课堂知识，而且对课堂教学缺乏兴趣，因此教学效果往往不佳。而在微课教学中，教师的角色发生了变化，不仅是传授者，也是解惑者和引导者。教师除了向学生提供学习资源，还会指导学生有效学习，满足学生不同层次的个性需求，这有利于改善师生的紧张关系，拉近师

① 丁睿. 大学英语教学发展研究［M］. 长春：吉林人民出版社，2019.

生之间的距离。

（二）微课在大学英语教学中的应用

大学英语教学中的微课教学模式实际上是一种微型化的网络英语课程教学，一门完整的网络英语课程，可以由众多的与知识相关的微课组成。大学英语微课教学模式的应用包含以下几个步骤：

1. 明确微课制作中应注意的问题

首先，在制作微课时，要快速进入主题，使用多模态教学。由于微课时间较短，因此教师需要在最短的时间内进入主题，以便于学生快速了解视频内容，避免导入时间过长。相较于传统的面对面教学，微课讲解会更难，因为教师不能及时了解学生的学习情况，讲解内容如果空洞，则会提不起学生的学习兴趣，此时教师可以使用多模态教学，增加内容的灵活性，使教学形式更具吸引力。

其次，加强逻辑性与条理性。在微课制作过程中，教师要选择相关的教学资源、PPT 和主题，使教学资源和 PPT 之间形成较强的逻辑性和清晰的条理性，便于学生准确找到课程主线。此外，教学资源不能毫无秩序地罗列，应具有逻辑性，便于学生清晰地了解视频内容。

最后，明确课题内容，突出课程重点。微课需要在短时间内完成教学任务，因此要明确课题内容，快速切入主题，突出教学重点，只要抓取重点加以讲解即可，没有必要面面俱到，否则会延长教学时间，影响教学效果。

2. 精选微课教学资源

微课制作的优劣直接影响着大学英语微课教学的效果，因此教师在制作微课时要熟练掌握相关的多媒体信息技术和各种软件，创新视频内容，提高视频制作质量，增加视频的吸引力。例如，在讲授与自然灾害有关的内容时，教师可以先分析课文重点，然后提取重要的有价值内容。该课的教学目的在于研究自然灾害对人类的影响，因此在微课中就没有必要再说明自然灾害的原因等，直接展示自然是如何给人类带来伤害的即可，并且确保视频流畅性，能吸引学生注意力，将学生的目光锁定在自然灾害上。

3. 明确微课教学的课前预习

在大学英语教学中要想有效使用微课进行教学，就要做好准备工作。视频制作完成后，需要规划课前的学习方式。大学英语教学不同于初高中英语教学，需要学生具有牢固的英语基础，而且倡导学生自主学习，注重学生自主能力和创新能力的培养。在开展微课教学前，教师需要布置课前教学任务，这样在教学中，教师和学生能够轻松进入各自的角色中，实现教学质量的提升。例如，在微课中讲解 Is there life on other planets 时，教师可以先提出问题，然后学生根据问题运用不同的方式进行探讨学习，从而锻炼学生的自主学习能力，提高教学效率。

4. 把握微课在大学英语教学中的教学方式

微课对于教学的意义是不言而喻的，但要想充分发挥微课的作用，提高教学质量，还要把握微课在大学英语教学中的教学方式。具体而言，在大学英语教学中教师要注意营造课堂氛围，发挥微视频吸引学生注意力的作用。教师可以采用互动教学方式，借助微视频让学生学习英语知识，在学生观看视频之后为他们留出时间进行讨论。通过讨论，学生可以交换意见，加深对课程内容的理解。另外，学生可以为教师提出建议，教师再对学生的建议进行总结，对自己的微课教学进行反思，从而进一步提高教学效率。

综上所述，教师要依据具体的教学内容、学生的学习情况等设计有效的微课教学，以便更好地服务于英语教学，提高大学英语教学的质量和学生的学习效率。

第三节　ESP 视角下的大学英语教学创新研究

自英语学科创立以来，我国大学公共英语教学断断续续经历了不同的改革阶段，但无论如何变革，仍然跳不出传统的大学英语教学模式，我国大学英语教学依然在 EGP（通用英语）的老路上行走，所以大学英语教学改革的方向依然是大学英语教育者和研究者们关注的重要内容。21 世纪初期，我国很多英语教育研究者在探究大学英语教学创新模式的过程中，提出了 ESP（专门用途英语）的教学理念。有学者指出，我国英语教育应进行战略性调整，应将普通英语教学任务放在中学阶段完成，以便学生进入大学之后能更好地专注于专业英语的学习。

ESP 教学所具有的开放性、实用性和专业性特征，与大学英语教学的目标十分契合，能够满足应用型人才培养的需要，因此大学英语教学从 EGP 向 ESP 转变会成为一种必然发展趋势。

一、大学 ESP 教学简述

（一）ESP 简述

1960 年，国际上首次召开了特殊用途语言大会，这次会议打开了特殊用途语言研究的大门。在之后的十年当中，大量与特殊用途语言相关术语开始出现，这其中就包括 ESP。

ESP 是 English for Specific Purposes 的缩写，指的是“专门用途英语”或“特殊用途英语”，如商务英语、旅游英语、医学英语等。第二次世界大战之后，世界各国经济开始逐步发展，科学技术也有了迅猛突破，而且各国在经济贸易、政治文化、科学技术等方面的交流变得日益频繁，英语逐渐成为国际交流的通用语言，其国际地位日益凸显，世界上出现了学英语的浪潮。在这种情况下，ESP 应运而生，而且随着学生学英语热的持续升温而迅速发展。

ESP 的定义一直都在不断演变，并在演变中不断充实，其中比较具有代表性的是以下几位学者给出的定义。

1964 年，语言学家韩礼德（Halliday）提出了 ESP 的概念：“English for civil servants; for policemen; for officials of the law; for pharmacist and nurses; for specialists in agriculture; for engineers and fitters.”（公务员英语、警察英语、法律英语、药剂师和护士英语、农业专家英语、工程师和装配师英语。）韩礼德认为，ESP 实际上是指不同职业领域所使用的英语。韩礼德这一定义明确了 ESP 使用的领域，但并没有解释到底什么是 ESP。

1988 年，斯特雷文斯（Strevens）将 ESP 定义为：“ESP is a division of English Language Teaching, the only other member of which is English for General Purpose (EGP).”斯特雷文斯认为，ESP 教学课程本身不是职业目的就是教育目的，因此他基于这两个目的，并根据课程的时间对 ESP 进行了划分。

1998 年，达德利·埃文斯和圣约翰（Dudley · Evans & St. John）从广义上对

ESP 进行了界定："The careful research and design of pedagogical materials and activities for an identifiable group of adult learners within a specific learning context whose principal distinguishing characteristics are needs assessment and discourse analysis."这一定义是从课程与教学的角度进行界定的，涵盖了几乎整个课程体系，包括 ESP 的教学对象、教材以及课堂教学等，教学和情境是其核心，突出了 ESP 的需求分析特征。

罗宾逊（Robinson，1991）认为，对 ESP 做出一个普遍实用的界定是不可能的，但也明确地发表了自己的看法："It is an enterprise involving education, training and practice, and drawing upon three major realms of knowledge: language, pedagogy and the students'/participants' specialist area of interest."上述定义将培训放在了 ESP 的框架中，认为 ESP 是一项涉及教育、培训、实践的事业。这里的 ESP 不仅是理论，更多的是教育上的实践，引导人们从更广阔的空间和视野来理解 ESP。它不仅涉及语言知识、教育学理论，还涉及学习者专业领域的学习。可以说，罗宾逊的定义为 ESP 课程的开发和实施指明了方向，提出了指导。

（二）ESP 的分类

关于 ESP 的分类，不同的学者也有着不同的观点。

哈钦森和沃特斯（Hutchinson & Waters，1986）通过一个树形结构对 ESP 进行了划分。他们采用二分法和三分法相结合的方式，将 ESP 分为三种类型，即科技英语（EST）、经贸英语（EBE）、社会科学英语（ESS）。

根据上述 ESP 的定义和特征可知，如果不将通用英语和专门用途英语加以区分，那么对专门用途英语的研究也就失去了意义。

二、ESP 教学的特点和与大学英语教学的区别

（一）ESP 教学的特点

ESP 教学具有鲜明的特点，具体体现在以下四个方面。

1. 教学目标具有实用性

ESP 教学的目标十分明确，英语学习者学习行为的目的并不在于学习语言知识，而是在于使用语言，因此实用性极强。其教学目标更侧重于语言与某学科或

专业知识的融合，也更加关注学习者对语言学习的应用和实践。

2. 教学模式具有开放性

ESP 教学是以学习者对运用英语进行实际交流的需求为导向的，无论在教学内容的选取上，还是教学方法的运用上，都以不同领域和专业学习者的实际需求为标准，强调英语语言知识的掌握和英语的使用的整合，突出“做中学”“学中悟”的理念。

3. 教学过程具有互动性

相较于普通教学，ESP 教学更强调发挥英语的工具性和媒介性功能。EGP 教学注重英语知识和技能的传授，目的是让学习者了解英语这门语言的普遍共性。但 ESP 教学更侧重从英语的不同角度分析英语作为交际工具的功能特殊性，目的是让学习者通过英语这一工具和媒介进行专业领域的学科交流。

4. 教学内容具有专业性

ESP 教学的内容十分专业，其教学内容已经从普通英语拓展到机械英语、医学英语、化工英语等专门用途英语教学，这样可以将学生切实培养成复合型和实用型人才。由此可以看出，ESP 教学是从单一的语言文学的人才培养模式向应用型人才培养模式过渡的关键和重要途径。

（二）ESP 教学与大学英语教学的区别

理论上而言，ESP 与大学英语之间的差别并不明显，而且二者还有十分密切的联系，但就教学实践而言，二者的差异十分显著，具体体现为以下几点。

1. 教学方法不同

ESP 教学与大学英语教学的不同性质，决定了这两种有着密切联系的教学会采用不同的教学方法。由于 ESP 教学是以学生的学习需求为依据的，因此 ESP 教学与大学英语教学之间在教学方法上必然有所不同。

受普通教育目标的影响，大学英语教学主要以传授英语语言知识和技能为目的，为的是普及英语和服务于各类考试。但 ESP 教学中的学生有着明确的英语学习目的和特殊的英语学习需求，这就决定了 ESP 教学的内容和方法不同于大学英语教学。例如，ESP 教学中的学术写作、文章体裁等在大学英语中就较少涉及。

通常，大学英语教学主要将教学重点放在“知”上，也就是将掌握语言的普遍规则放在首位。而 ESP 教学基于明确的目的和实际需求，将英语语言能力的培养放在“行”上，也就是让学生通过实践培养英语能力。通过比较可以看出，ESP 教学有着更加明确、具体的目标，而且多采用任务型教学法。

2. 教材选择不同

不同于大学英语教学选材，ESP 教学选材主要依据的是学生的实际需求，只要符合以下四项标准，就可以作为 ESP 教学的教材。

（1）原文真实。ESP 教材的选作应靠近原文，不应是后期节选、改编或者翻译过的书籍，而且要与学生所学专业或所从事的职业密切相关。

（2）内容广泛。ESP 教材的内容要广泛，不仅要包含语音、词汇、语法等基础语言知识，还要包括与学生专业相关的语言项目和相应的文化背景、社会知识等。

（3）难度合适。ESP 教材的难度要适中，既然是为了满足学生的实际需求，那么教材的选择就要以学生的需求为依据，难度太高或太低都不利于学生的学习。

（4）与 ESP 教学大纲相兼容。在 ESP 教学中，教学大纲是依据需求分析设计的，因此 ESP 教材要体现教学大纲的价值，与教学大纲相兼容，实现教学大纲的目标。

3. 教学评估不同

在大学英语教学中，教学评估主要是以测试的形式进行的，如期中考试和期末考试。测试的内容主要局限于课本内容，学生只要熟读课本，通过考试就不成问题。

但在 ESP 教学中，测试并不是主要的评估方式，还包括课外实践应用。评估内容也更加宽泛，不只限于课本内容，还包括其他内容。具体来讲，ESP 教学评估包括内部评估和外部评估两种形式。内部评估的主要目的是检查学生课堂所学，类似于大学英语教学评估。外部评估包括调查问卷、跟踪调查、讨论会等多种形式，而且相较于内部评估更能检测出学生的英语水平。[①]

三、大学 ESP 教学的创新路径

（一）推进大学 ESP 教学的思路

1. 教学以需求分析为基础

大学英语 ESP 教学要以学习分析为基础，这主要体现在以下两个方面。

首先，教学目标的设定要以需求分析为基础。教学目标要以学生和社会的需求为基础，要培养出既有学术素养又有职业素养的优秀人才。

其次，教学内容的选择要以需求分析为基础。在明确教学目标之后，需要选取教学内容，教师要根据本学校的具体培养方向与自身实际情况来选择教材，因为教学内容体现于教材中。教学内容的选取也需要遵循需求分析原则，结合学生需求与社会需求，采取合适的手段进行目标情景需求分析、当前情景需求分析和学习者情景需求分析，了解未来工作场景对学生语言能力的要求、学生已有知识结构及其掌握程度、学生需求和渴望掌握的知识、学生易于接受的教学方法和主要学习障碍等信息。通过分析这些信息，可使教学内容更加明确，教学更具有针对性和高效性。

2. 遵循主体性原则

虽然大学 ESP 教学受多种因素的影响和制约，但"以学习者为中心"的理念已经深入人心。因此，大学 ESP 教学也要坚持主体性原则，突出学生在学习过程中的主体地位，了解学生的不同特征，充分挖掘学生的内在潜能，激发并调动他们的学习积极性和主动性。大学 ESP 教学以培养学生在目标情景中英语的实际应用能力为宗旨，学生始终是所有教学活动的主体，教师是为学生服务的。在大学 ESP 教学中，不论是教师角色的定位，还是教学内容、教学方法、教学策略等的选择和制订都要从学生主体的角度去考虑，要充分发挥学生的主动性，充分体现"以学习者为中心"的设计意识，促进每位学生在知识、技能、情感等方面的全面发展以及学生的个性发展。

---

① 刘政元. 大学英语教学改革与创新实践［M］. 长春：吉林出版集团股份有限公司，2019.

3. 多元教学方法相整合

大学 ESP 教学具有多元性特性，因此要同时兼顾英语教学与专业教学，不仅要保留传统的教学方法，还要采用新的教学方法，使得教学方法多元化，从而激发学生的学习兴趣与信心。具体而言，可以从以下几点入手。

首先，教学方法要具有多样性与针对性，使教学形式丰富起来，使学生多反思、多互动，激活专业英语语言思维。

其次，教师可采取案例教学法、角色扮演法、多媒体教学法等方法，注重学生的实践参与，体现学生的主体性地位，让学生积极参与到教学活动中。

最后，不同的学生有着不同的英语基础和学习需求，对此教师可有效运用分层教学法。教师首先要对学情有所了解，然后再对学生进行合理分层，同时制订合理的教学目标、教学内容、教学方法以及评价方式，使教学面向全体学生，充分满足学生多样化的学习需求。

（二）创新大学 ESP 教学的策略

1. 充分利用空间，建立多元交互的课程体系

实现课程设置与教学风格的统一，是有效开展大学 ESP 教学的前提，因此教师需要在大学 ESP 课程设置上投入一定的时间和精力。具体而言，要注意以下两点。

首先，充分利用必修课与选修课。例如，可以对大一新生进行英语摸底测试，测试通过的学生可以直接接触 ESP 课程，根据自己的英语水平、个人专业和兴趣爱好选择专业英语。此外，可以按照难易程度对课程进行划分，简单的课程可用作必修课的补充课程，供有空闲时间的学生选修，难度较大的课程可用作三年级的选修课程。不同的高校可以根据自身的具体情况进行合理安排。

其次，建立多元交互的课程体系。多元交互的课程体系以 EGP 教学为基础，目的是巩固学生的基础知识，以 ESP 教学为核心，目的是摆脱传统应试教育的束缚，使学生接触和了解学术英语和职业英语，培养学生的实践能力。同时，在此基础上设置跨文化交际课程，拓展课程范围，丰富教学内容，利用基础英语、学术和专业英语帮助学生了解中西文化特色与差异，培养学生的人文素养，提高学生的跨文化交际能力。这样一个“EGP—ESP—多文化”交互体系就建立起来了。

2. 利用现代化教学手段，拓展学习空间

随着多媒体、网络技术的发展，学生获取知识的途径越来越多样化，碎片化的学习机制不断涌现，这些变化都对大学 ESP 教学产生了不小的影响和启示作用。

首先，要充分发挥现代信息技术手段开展教学。大学 ESP 教学立足于培养具有国际视野的复合型人才，因此在具体的教学中要合理运用多媒体、网络技术，综合现代化教学模式，如微课、慕课、翻转课堂等，丰富教学手段，拓展教学渠道，更新教学内容。

其次，要营造学习氛围，拓展学习空间。让学生身临其境地感受和学习英语知识，有利于学生转换角色，适应专业需求。例如，商务英语就需要在商务环境中学习，可以采用情境法模拟商务场景，培养学生的商务能力。

3. 注重教材的多元性，开发辅助资料

教材是学习的重要载体，也是教学体系中的重要组成部分。当前，很多大学 ESP 教学处于辅助地位，最主要的一个原因就是缺乏科学完善的 ESP 教材，英语基础知识和专业知识不能密切关联，教师无法系统深入地开展教学，因此开发 ESP 教材是完善 ESP 教学的重要途径。各高校可以根据教学大纲、学校宗旨、办学条件、专业特点、学生需求等选择合适的教材。目前，我国大学 ESP 教学尚处于探索阶段，还没有相对健全的 ESP 教材，对此高校可根据自身情况，组织英语教师和专业教师合作编写 ESP 教材。在具体的编写过程中要注意以下几点。

首先，教材要具有衔接性、针对性和实用性。大学 ESP 教学体系是由多个模块课程构成的，在编写教材时，要确保不同模块课程的衔接性。此外，大学 ESP 教学的性质也决定了其教材内容要具有专业性、针对性和实用性，要充分考虑学生和市场的需求，突出教材的专业性和实用性特点。

其次，教材要融合专业性和趣味性，同时兼顾职业性要求。所编写的教材不仅要利于学生学习专业知识，还要具有趣味性，能够激发学生的学习兴趣，实现寓教于乐。

最后，开发利用辅助资料。仅仅依靠教材，是难以实现教学效果的提升的，还要开发运用相应的配套资料。因此，在编写 ESP 教材时，应注重辅助性资料的开发。具体而言，可以设置开放性的教材体系，建立基于信息技术平台的 ESP 学习资料库，将有关专业的语料囊括进去，扩大 ESP 学习资料，保障学生学习资料的丰富性和真实性。

4. 提升教师教学能力，加强师资队伍建设

大学 ESP 教学对教师提出了较高的要求，教师不仅要掌握相关的专业知识，而且要具备 ESP 教学理念和方法。对此，大学英语教师应转变观念，学习研究某个学科专业的基本知识、原理，掌握专业知识理论框架，了解各学科之间的联系。

此外，教师要钻研 ESP 教学方法，向学生提供与专业相关的学习材料，设计符合学生语言水平、专业水平的任务。对于学生已经完成的任务，教师需要及时做出评价，并给出意见。①

总体而言，相较于 EGP 教学，ESP 教学更能有效培养学生的英语应用能力，更能满足学生的发展需求和社会对英语人才的需求，所以 ESP 教学已经是大学英语教学的必然发展趋势。大学英语教学应有意识地融入 ESP 教学理念和思路，并采用相应的 ESP 教学策略，从而提高学生的英语综合素质，使学生发展成为满足国家、社会、时代要求的应用型人才。

第四节　生态视角下的大学英语教学创新研究

进入 21 世纪，人们认识到人类之所以进步，与生态有着紧密的联系。对于大学英语教学而言，从生态学层面进行研究也符合可持续发展的规律。就生态语言学而言，大学英语教学是一个完整的微观生态系统。因此，本节就从生态视角对大学英语教学进行研究和探析。

一、大学英语生态教学简述

21 世纪被认为是生态世纪，生态学的思想被人们所熟知，成为人们生活与

① 孙琳. 大学英语教学设计与有效教学［M］. 长春：吉林大学出版社，2020.

工作的新方法。很多教育工作者也将视角转向对生态学理论成果的研究，并将这些理论成果应用于大学英语教学之中，这就是所谓的大学英语生态教学。谈到大学英语生态教学，首先来谈一谈生态课堂，进而分析大学英语生态教学的本质与生态课程的构建。

（一）生态课堂

随着环境问题的日益严峻，生态化已成为人类生存和发展的一种趋势。生态学已经在各个领域都有所渗透，而且“生态”一词涉猎的范围也非常广泛，人们常用其对美好的事物加以描述与界定。

当然，文化背景不同，人们对“生态”的界定也不一样，多元世界的存在要求多元文化的融入，正如“生态”追求物种多样性的理念一样，从而保证了生态的平衡性。

“课堂”从广义上说是进行各种教学活动的场所，其在教师、学生、环境之间形成一种多功能综合体，是一个充满意义与生机的整体，是焕发出生命活力的复杂系统。

1. 生态课堂的定义

生态课堂是从生态学的视角出发，对生态状态下的课堂加以研究的学科，其强调教师、学生、教学信息与组织、教学环境、教学平等等环节要实现和谐统一，是对师生关系、课程结构等进行的新型建构，是一种各个环节之间彼此联系与和谐共生的教学形态。

2. 生态课堂的主要观点

生态课堂的第一要义是可持续发展，核心在于以人为本，因此教学中教师应将学生作为主体，教师处于主导地位，促进学生的全面发展，基本方法是保持课堂中各个要素之间的平衡。生态课堂的本质就是焕发生命的活力，激发生命的潜能，提升生命的品质，实现生命价值。

（二）大学英语生态教学的本质

教育要以人为本，因此大学英语生态教学也应该这样。人的生命发展具有多元性，而学生个体的发展具有多样化，这包含他们身心和谐的发展、个人的求知欲、与他人和谐相处的能力等。

但是，学生个体的发展不能牺牲他人，因为教育面向的是全体学生，所以要兼容并包，对其他学生要予以尊重。对此，大学英语生态教学的本质就在于通过生态课堂，让学生逐渐汲取成长所需的营养，同时通过物质、能量等转换对生态课堂产生影响，为他人的成长创造条件。可见，大学英语生态课堂本身是一个良性循环的过程，是物质、能量与信息的转换，不仅能促进学生生命成长，还能促进社会的可持续发展。

（三）大学英语生态课程的构建

无论对于教师还是学生而言，大学英语生态课堂都是一个全新的教育观念，需要每一位教师付诸自己的心血来经营和追求。要想构建一个完整的大学英语生态课程系统，这个过程是十分困难的，包含创设课堂环境、和谐师生关系、加强课堂互动、构建多元评价机制等。下面就来具体分析这几项内容。

1. 创设和谐生态课堂环境

对于师生而言，课堂是他们演绎生命意义的舞台。创设一个和谐的课堂环境，是师生完整生命能够自由成长的基础与前提。生态课堂创设，不仅涉及物理环境的创设，还涉及文化环境与心理环境的创设。

（1）物理环境创设：大学英语生态教学中生态课堂的物理环境，是由自然环境和一些教学设备构成的，自然环境包含照明、光线、噪声等，教学设备包含教室布置、书桌布置等。这些在课堂教学互动中发挥着不同的生态意义与功能。

① 适当的光线和照明：在课堂中，适当的照明与光线对于教师和学生都有着重要作用，尤其是对学生的健康与心理等。例如，如果光线太弱，那么学生在学习中就会感到视觉疲劳，甚至产生厌倦心理；如果光线太强，那么学生就会受到过度的刺激，对健康产生影响等。

② 降低噪声：噪声会对人的生理机能产生影响，这是毋庸置疑的，而且会让人感觉到非常的不舒服，也会影响学生的心理，如使他们感到焦虑，记忆力下降，甚至思维变得迟钝等。在教室中，噪声大小与教室位置、班级学生密度有关，与所在城市的位置有关。也就是说，班级人数多，那么噪声就偏大；离城区越近，噪声就越大。

另外，学生对噪声的承受能力会因为个性、性别等产生差异。因此，要想构建一个大学英语生态课堂，在位置上要远离城市中心或者比较喧嚣的地方。此外，对于班级的规模也应该予以控制。一般来说，公共英语的班级较大，教师应该根据具体的情况，对不同形式的教学活动进行安排，从而减少噪声。

③ 布置教室：作为课堂活动的场所，教室的教学设备、内部构架等都需要精心的设计与安排。教室内桌椅的摆放以及墙壁等的布置整洁干净，都会让师生感觉到精神上的舒适感与愉悦感。

形状不同的教室，其有着不同的优点。一般来说，梯形的教室适合讲座；长方形的教室适合课堂讲授，因为这样的教室便于安排座位；圆形的教室适合小组交流与讨论。

另外，教师站立的位置与座位编排也会对师生之间的互动产生影响。

因此，教室的布置应该具体问题具体分析，考虑课堂活动的要求和内容，一般需要考虑：是否对师生的课堂互动有利，是否对生生之间的讨论与交流有利，是否对开展小组学习与自主学习有利等。

（2）文化环境创设：在大学英语生态课堂中，文化环境包含物质文化环境与精神文化环境两类。前者指的是符号化与物化的结果，属于一种表层的文化环境；后者指的是态度、情感等，属于一种深层的文化环境。

在大学英语生态课堂中，物质文化包含课本、教室、教学设备等这些硬性文化，或者可以称为显性文化，这些文化会对人的行为产生不知不觉的影响，因此在创设生态课堂文化时，应调动各种物质文化的积极性，如班训、班报等，这样可以使课堂更富有生气。

生态课堂中的精神文化环境包含学生个体的思想与个性发展、学生群体的精神风貌与其他学生之间的关系、师生关系等，这种文化是隐性的，属于一种软文化。对生态课堂中精神文化环境的创设需要将课堂中各个力量凝聚起来，形成具有特色、集体观念的生动课堂。

（3）心理环境创设：在大学英语传统课堂中，很多学生受学业压力的影响，存在一定的心理问题。因此，为了减轻学生的压力，教师需要考虑学生的健康情况，为学生创设一个自由、轻松的环境。

首先，家长要转变教育观念，对孩子的期待也要有一个限度，不能给孩子施加过多的压力，这样才能让孩子成为一个健全的人，而不仅仅是一名“好学生”。

其次，教师要做到以德育人、以理服人、以知教人，做到与学生和谐共处，平等相待。

最后，学校应该设立心理辅导课，及时发现学生的各种心理问题，并给予恰当的解决方法。

2. 确立民主、平等的师生关系

在开展有效教学的过程中，民主平等的师生关系是基本的前提。生态课堂中的民主指的是师生关系的民主，平等指的是师生地位的平等。在大学英语生态课堂中，每一位学生都有平等参与课堂活动的机会，并且教师应该扮演学生学习激励者与合作者的角色。

在大学英语生态课堂中，要保证师生关系的民主与平等，可以考虑从如下两点着手。

就教师层面来说，应该充分考虑学生的实际需求，对每一位学生的问题都要认真对待，发挥学生的主动性与积极性，尊重每一位学生的人格与个性发展，并多与学生交流，真正地了解每一位学生的情况。

就学生层面来说，应该充分尊重教师，并接受教师的指导与帮助，在日常学习中也要积极地配合教师。

总之，师生之间应该建立一种平等对话的关系，以此彰显课堂的活力，彼此之间没有压力与猜疑，共同探讨与研究，学生可以畅所欲言，从而使课堂呈现一种和谐之美。

3. 构建师生互动课堂交往

对于任何课堂而言，教与学都是其活动的中心，当然大学英语生态课堂也不例外，而师生之间的良好互动是课堂活动能够顺利开展的主要形式。

与传统课堂相比，大学英语生态课堂中的教学能够保障师生之间的平等交往和平等地位。这种平等交往式的教学能够使师生之间有效对话与互动，而不是机械地教授与被动地学习。

在平等的师生互动下，必然会产生有效的课堂，即学生处于主体地位，也呈现了课堂的真实性。在这种互动状态下，师生都是一种教学资源，虽然他们有着不同的内涵，但是他们的地位是平等的，共同处于课堂双向互动的状态之中，并共同实现知识信息的共享。

三、大学英语生态教学中的生态失衡现象

如果从生态学的角度对大学英语教学进行分析不难看出，大学英语生态教学中存在不同程度的失衡现象。这一论断主要是从课堂观察中得到了求证。本部分内容就来分析大学英语生态教学中的生态失衡现象。

（一）大学英语生态教学中的结构失衡

1. 系统组分构成比重的失调

在大学英语生态课堂中，课堂生态主体与课堂生态环境起着非常重要的作用。前者的概念是较为容易把握的，指的是系统中的教师与学生这两大生物成分，但是后者就较为复杂，对于一名特定的学生而言，课堂生态系统中的主体有可能演化成影响其自身的环境。

因此，人们往往从结构、关系等层面来分析课堂生态环境，包含课前、课中、课后等情况。

从量变层面而言，课堂生态系统中各个部分的比重会产生变化。当然，这些变化是相对的变化。课堂生态作为一个系统，内部的因子会产生不断的变化与制约，因此科技的出现会对其因子产生要求。这就是说，如果其他生态因子不能与信息技术因子实现同等的变化，那么大学英语生态教学系统组分就会出现比重的失调情况。

2. 系统组分之间交互关系的失谐

除了系统组分构成比重存在失调，系统组分内部之间的交互关系也容易出现失调的情况，具体来说主要表现为如下几点。

（1）生态主体之间的失谐：大学英语课堂生态主体之间如同一个网格在一起交织，包含教师、学生之间的个体与群体、群体与个体等的复杂关系。在所有关系中，教师群体与学生群体间的交互是非常重要的部分。

要想保证教师群体与学生群体之间的和谐，就要保证他们的目标是一致的，理念是一致的，这样才能保证交流的顺畅，关系也会更为和谐。

但是现实情况是，随着科技的引入，师生之间出现了明显的失谐情况，如教师与学生存在目标不一致、理念不一致的情况。

（2）教师与信息技术的失谐：教师的责任在于将知识生产出来并将知识进行转化，然后以信息的形式将知识传授给学生。在这之中，一般会运用到信息技术，因此信息技术是教师与学生知识传授的媒介。当然，信息技术会努力将信息完整地传达给学生，减少其间的损失，帮助教师完成教学任务。从理论上说，这一过程是和谐的。但是，不和谐的情况也不少见，具体包含如下几点。

第一，教师的信息化水平有待提高，很多教师还无法对现代化的信息技术进行熟练运用。

第二，教师所秉持的传统教学理念同生态课堂所提倡的教学理念存在着矛盾。

第三，有的教师过分依赖网络教学，有的却对网络教学持一种反对和不信任的态度。

（3）学生与信息技术的失谐：学生与信息技术的失谐主要表现为如下两点。

首先，信息技术的运用与部分学生的信息素养存在冲突。一些学生的信息素养较低，很难适应较高的信息技术水平，因此在学习中就会出现困难，会逐步丧失学习的兴趣和积极性。有时候，学生也会对网络学习的记录进行造假，这样的情况对学生的学习造成了严重的影响，也影响了教师的评价，这样很容易造成系统的失衡。

其次，学生的学习观念很多都是传统守旧的，这与现代技术很容易发生矛盾。有些学生认为，网上有丰富的资料，便于学习，但是有些学生是持有消极态度的，他们认为中学时代的那种教学方式是更为有效的，很难接受现在这种媒体教学方式。因此，很容易出现失衡的情况。

（4）教材与信息技术的失谐：在大学英语生态教学中，信息技术与教材是不同的媒介，二者都是教师信息传输的手段与工具。因此，二者在应用过程中可能存在竞争与冲突的情况。为了避免这种情况，二者会根据自身的特长而刻意地避开，使彼此之间能够进行互补与发展。

但是现实并不理想，很多大学英语教学平台的内容其实就是教材的网络版，并没有对教材加以延伸与拓展，甚至设计上还存在明显的缺陷，这就很难实现彼此的契合。

另外一个显著的问题是，教材一直被教师视为媒介，学生知识学习的渠道受到了限制，基于这样的模式，教材成了教学的中心，教学方式与内容都是老一套的，这样很难发挥现代化的技术手段，教材与信息技术很难实现真正的相辅相成。

（二）大学英语生态教学中的功能失调

1. 结构优化功能的衰减

系统与集合存在着明显的不同，集合仅仅是一些分散的人或者物的聚集，而系统是一些元素在聚集之后，各个元素产生作用的结果。正是存在着这种相互作用的关系，各个元素才能进行调适，实现真正的和谐共处。

通过对系统结构进行观察不难看出，大学英语生态教学在信息化推进的时候，结构优化的功能在逐渐减弱。大学英语生态教学在信息化改革之前还能处于一种相对平衡的状态，但是随着信息技术的推进，这种平衡逐渐被打破，基于各种课堂环境因子，信息技术逐渐占据统治或者主导的地位，其系统的作用超出了系统自我修复的能力，这就使得其他要素不得不发生改变，因此课堂生态系统内部各组分的构成比例依然是失谐的，而且系统的自我修复能力已经明显弱化。

2. 关系协调功能的减弱

通过分析可以看出，大学英语课堂生态系统当中的协调功能有所减弱。我们可以通过以下三个方面来描述这种失谐关系。

第一，传统的教学理念和新近的改革理念存在失谐现象。

第二，改革的大力推进与现实进展缓慢之间存在失谐现象。

第三，对教学的输入和输出之间存在失谐的情况。

但也要指出，上述的这些失谐现象不会同时都出现，也不会同时发生在一个学校、一个课堂生态当中。这些失谐的情况有的学校已经发生过了，有的学校正在发生，而有的学校可能明天会遇到。直至今天，这些失谐的问题仍然无法通过系统自我的修复能力来纠偏、更正。

四、大学英语生态教学的优化

（一）大学英语生态教学的优化原则

大学英语生态教学的优化需要按照一定的原则展开，从而保证优化目标的明确。具体来说，需要坚持如下几项原则。

1. 稳定兼容原则

所谓稳定兼容，是指对教学结构进行稳定，对教学要素加以兼容。就生态学角度而言，稳定与平衡有着密切的关系，兼容与和谐有着密切的关系，其中稳定是目标，兼容是实现目标的方法。

大学英语生态教学必定包含很多要素，如教学要求、教学目标、多媒体等，这些要素在大学英语教学中起着十分重要的作用。一旦某个要素消失，整个教学结构就会呈现不稳定性，因此教学稳定的必要条件就是教学要素之间的兼容。

随着信息技术逐渐融入大学英语生态教学之中，必然会对一些教学环境产生干扰，进而影响系统内部各个教学要素的关系。这时候，本身兼容的各个要素之间也会因为新要素的引入呈现不和谐现象，这时候就要求教师、管理人员、学生等都要进行一定程度的改变，从而促进信息技术与各个要素之间的融合与发展。就教学管理层面而言，要改变传统的管理模式，给予教师充分的支持，优化教学的环境，从而使信息技术与各个要素更好地融合与发展。就教师层面而言，教师要不断转变自身角色，不能仅作为分析者与讲解者。就学生层面而言，学生也应该发挥自身的主动性与积极性，主动探究知识。

可见，各个要素只有在自己的生态位上发挥应用的作用，才能实现兼容，才能保证教学结构的稳定与平衡。

2. 制约促进原则

所谓制约促进原则，是指对教学运转形成制约作用，促进个体的进步与发展。就生态学教学而言，教学中各个要素都有着特定的时空位置与功能，它们在自身的生态位上发挥自身的作用。但是，每个要素功能的发挥都要遵循一定的原则，不能无限发挥，而制约就是这样的一种约束手段，是为了使大学英语生态教学环境更为优化。

信息技术的介入使学生能够进行自主学习、个性学习。实际上，在教学中可能出现很明显的信息技术误用情况，如对信息技术的过度使用、滥用、低值使用等，这些误用对学生的个体发展是极其不利的，会导致我国大学生的自主学习能力与应用能力下降。信息技术的使用要考虑具体的教学目标，以学生为中心，运用恰当的方法，不可过度使用，也不能不使用，从而促进学生的发展，保证各个要素都能在各自的生态位上发挥作用，并且彼此之间相互依存。当然，功能的发挥需要设定在一定的范围内，不能随意扩大，也不能丧失他们的作用，要综合看待各个要素的功能，从全局出发进行把握，也不能失去微观意识。

总而言之，制约是为了更好地促进，促进又是合理制约的结果，这样大学英语生态教学才能更自然地进步与发展。

3. 可持续发展原则

可持续发展是21世纪教育的根本。1992年，在巴西里约热内卢召开的联合国环境与发展大会上提出了《21世纪议程》，其中明确提出应该面向可持续发展对教育进行重建，从而将这一理念融入教育之中。

大学英语系统是高等教育的一个生态系统，应该坚持可持续发展原则。而社会的可持续发展主要归结于人的可持续发展，因此大学英语生态教学的发展也必然依赖师生这些教学主体的可持续发展。

现代教育包含四大支柱：教会学生认知、做事、共同生活、生存。学生的能力也是随着这些理念逐渐发展起来的。大学英语教学改革的目的在于提升学生的英语学习可持续发展能力。这种能力指的是大学生在大学阶段及以后的学习和生活中，应该不断完善自我，不断发展。

从学科性质上说，这种能力指的是学生自主学习与自觉学习的能力。教师应该对学生的个性特点予以尊重，发挥学生学习的积极性与主动性，培养他们的探索意识与自身潜能，完成教学实践。

从教师层面来说，要想实现教育的国际化，教师也需要遵循可持续发展原则，即如果仅仅是一些传统的教学理念，显然不能满足当前教学的要求，因此教师应该考虑国际化的形式，努力开阔自己的视野，拓宽自己的知识领域，培养自身的学术能力与思辨能力。①

但是需要指出的是，教师、学生与其他生态因子都是教学生态系统可持续发展的重要组成部分，因此这些因子之间不能损害各自的利益，任何一个因子的缺失都会影响其他因子的发展，进而影响稳定性与和谐性。

（二）大学英语生态教学的优化策略

大学英语生态教学系统的优化需要在坚持上述原则的基础上，结合各个生态因子之间的关系，采用恰当的优化策略。当然，这是一个复杂的过程，在这一过程中，需要以教师作为突破口，因为教师在大学英语生态教学中的作用非常关键，教师教学的态度、理念等如果发生改变，那么就会影响具体的教学情况。因此，只有保证教师的生态化发展，才能保证教学的优化。具体来说，需要从如下几点做起。

1. 促进教师的生态化发展

教育是国家百年大计，只有拥有好的教师，才能做好教育。因此，要努力打造一支技术精湛、道德高尚的教师队伍，这是当前教育改革与发展的重要目标。

就教育生态学而言，教育生态系统主要由教师、学生、环境等构成，在这一系统中，教师是一个完整的生态主体，其对整个生态系统起着非常重要的作用。教师与其他环境之间要多进行能量与物质上的转换，因此其生存、发展必然是同周围环境相互作用的结果。同样，大学英语教师在整个生态教学系统中也发挥着巨大的作用，教师的行为、理念等会对学生、教学等其他因子产生巨大影响。当然，要促进教师的生态化发展，需要做到如下两点。

（1）优化教师的生态位：在教育生态系统中，各生态主体之间以及与环境之间是直接、间接的关系，这种关系可能是竞争关系，也可能是共生关系，他们共同对系统中的资源进行消耗。在系统中，每一个生态主体的位置都是特定的，这就是所谓的生态位。在生态环境中，教师要服从学校中的各种要求与规则，从而保障生态系统的稳定，同时需要不断发展自我，不断适应变化的环境。显然，教师几乎与系统中的各个部分都有着密不可分的联系，生态位在这之中起着中介

① 秦盼泓. 文化自信视域下大学英语教学的策略与路径［M］. 北京：中国书籍出版社，2021.

的作用。

在大学英语生态教学中，教师需要明确自己的地位，以学生作为中心与出发点。在信息技术背景下，教师需要有强大的适应能力。可见，教师是信息技术与大学英语生态教学整合的关键层面，对大学英语生态教学的发展起着十分重要的作用，并且会随着环境的改变而不断完善与发展。

（2）提高教师的专业素质：一名合格的大学英语教师需要具备如下素质。

第一，专业知识扎实，专业技能充足，即具备词汇、语法知识与听、说、读、写、译能力。

第二，人品修养与个人性格优良，具备好学、谦虚等品质。

第三，现代语言知识具有系统性。大学英语教师要系统了解语言的本质与规律，并能够用语用知识对教学进行指导。

第四，要把握清楚外语习得理论知识，尤其是要了解外语习得与外语教学的特殊性质。

第五，掌握一定的教学法知识，将教学法的优劣把握清楚，并取长补短。

当然，进入21世纪，除了具备上述素质外，教师还需要具备信息技术知识，不断转变自己的观念，提升自己的专业素质，从而向生态化方向发展。从内部来说，教师需要培养自身的反思精神，从外部来说，教师需要创建外在生态学习网络，通过参与与分享，不断提升自己的科研意识与水平，实现英语知识结构的更新，促进个人生态的进步与发展。

2. 建立和谐的师生关系

大学英语生态教学系统是相互联系的整体，在这一整体中，师生之间通过不断的交互，构成了一个整体。在大学英语生态教学中，师生无疑是最重要的关系，是一种和谐共生的关系，他们通过交流与对话达成一致，教师以特殊的方式对自己的灵魂进行塑造，学生在教师的心里留下印记。

美国人本主义心理学家罗杰斯指出师生关系的三个要素。

第一，真实，即真诚，要求师生之间在交往时应该坦诚相待，诚实表达自己的观点与看法，教师不能将自己的意愿强加给学生。

第二，接受，即教师要相信学生能够进行学习，接受学生遇到问题时的那种犹豫和恐惧，同时要接受学生的冷漠。

第三，移情性理解，即教师要对学生的内心世界、生活环境等有所了解与把握，从学生的角度看待问题，真心地为学生着想。

可见，师生之间的交往活动不能仅依靠教师的话语来实现，还要与学生紧密相连，如果没有学生的发展，教学的价值也会荡然无存。大学英语生态教学不仅是知识的传输，还是师生之间情感的互动，而要想实现教学目标，这样的互动是不可或缺的。

大学英语生态教学属于一种人文教学，即培养素质与人格的过程。就语言学习层面来说，学是首要的任务，而不是教，因为学习的过程就是在教师的指导下传递情感与信息的过程。师生之间要建立和谐的关系，需要做到如下两点。①

首先，师生之间的地位要平等。这是开展课堂教学的前提条件，也是大学英语生态课堂的基本特征与心理环境，能够保证课堂生态系统的平衡，激发学生学习的动力与积极性。在大学英语生态教学中，师生这两大教学主体是有思想、有感情的人，彼此作为独立的生态因子，应处于平等的地位。

其次，师生之间要不断增进交往，拉近彼此之间的距离。由于中国学生谦虚、不张扬的性格使得他们很少与教师展开交流。尤其是当学生进入大学之后，教师上课来下课走的情况更使得彼此之间交流甚少，师生关系比较淡漠，缺乏互相了解，这让教学活动很难真正地展开。既然学生不能主动找教师，那么教师就需要多和学生接触，努力创造了解每一位学生的机会和时间，使学生对教师产生依赖感与信任感，或者他们可以通过邮件或者 QQ、微信等进行交谈，这样既避免了面对面的交谈，也能使学生减少一些尴尬。

3. 转变教学环境中的限制因子

教育生态学中的限制因子定律具有自身的特殊性。在教育生态学中，所有的生态因子都可能被认为是限制因子，如果某些生态因子的量比临界线低时，就可能出现限制作用，但是如果某些生态因子的量比临界线高时，也可能会产生限制作用。教育生态系统中的有机体不仅对限制因子具有适应性的作用，而且能够采用恰当的方法，创造条件对限制因子进行转换，成为非限制因子。这一定律对于

① 李国金. 大学英语教学基础理论及改革探索［M］. 北京：北京理工大学出版社，2018.

大学英语生态教学是非常适用的，即在大学英语生态教学之中，每一个生态因子都可以进行转换，限制因子也同样可以转换成非限制因子。

教学生态系统是将复杂人际关系包含在内的系统，是一个集合智力、非智力等因素的系统，也是一个复杂的信息管理系统。要想对大学英语生态教学过程中的失衡现象加以调节，不断提升大学英语生态教学的质量，就需要明确这些限制因子，并将它们找出来加以改善。只有找准这些因子，才能对其进行转化。当然，要想找到这些限制因子，首先就需要进行观察，要认识到这些限制因子的限制界限，以及这些限制因子是如何阻碍教学发展的。

就目前的大学英语生态教学而言，教师需要从当前形势出发，使用信息技术开展教学。当然，使用信息技术并不是说要过多使用信息技术，而是要把握好使用的度。实际上，信息技术就是一种限制因子，因为如果学生不能进行网络自主学习，也同样对其自身发展不利。

当然，只找到限制因子还远远不够，还需要将这些限制因子转变成非限制因子，这样才能将这一复杂过程进行简化，发挥师生的主观能动作用，加强交流与合作，创造有利条件，消除限制因子的不利方面，推动大学英语生态教学健康、和谐地发展。

4. 构建开放和谐、多维互动的语言环境

在生态系统中，生物并不是孤立的成分，而是与其环境有着紧密的联系。环境对生物产生影响，生物也会对环境产生影响。受生物影响发生变化的环境又可以对环境产生反作用，二者是不断协同进化的过程。因此，在大学英语生态教学中，要对自然、社会中的物质环境、人文环境展开分析和探讨。

课堂是教学的主体，是教师、学生与环境组成的基本系统。大学英语生态课堂的物质环境不仅会对师生的身心健康产生影响，还会对学生自主学习能力的发展产生影响。因此，课堂良好的物质环境能够使课堂更有活力。大学英语生态教学的课堂可以被认为是一个小的自然生态系统，其不仅需要广阔的场地，还需要光线、温度等因素，也不能有噪声的影响。只有这些物理环境达到标准，才能实现彼此之间的协调。同样，教室内座位的编排也是非常重要的，因为在课堂这一系统中，需要时时刻刻进行交互活动，这样才能保证课堂的动态性。

构建开放互动的语言环境，还需要为语言学习营造氛围。在大学英语生态课堂上，只有愉快、和谐的氛围才能让学生在学习的过程中得到解放，才能将自己生命的活力展现出来。在具体的教学过程中，教师应该考虑英语学习的特点，并通过演讲、小组活动等，为学生创设语言交际的情境。

语言学习并不是将知识机械地传输给学生，而是多种因素综合的行为和结果。用语言展开交际是学习语言的目的，其需要语言来参与其中，因此教师需要从教材出发，做到将教材中的教学情境真实化，这样才能让知识的教授更加生动。当然，在大学英语生态教学中，还需要为学生创设轻松的心理环境，这样有助于师生之间的交往，促进班级的和谐，教师要为学生营造一个有助于互动的班风，从而打造有助于多维互动的心理环境。